新かごっま弁
辞典

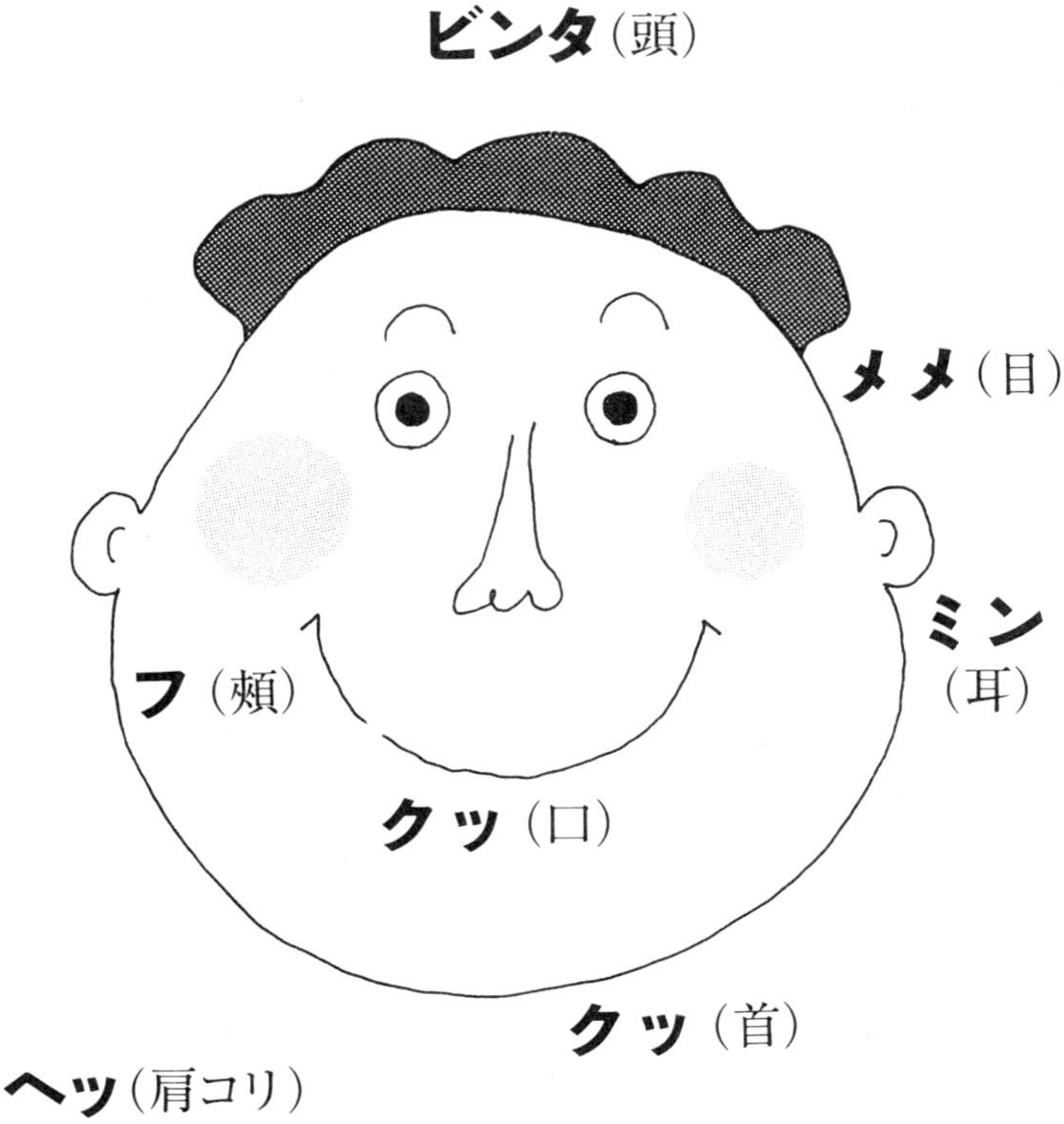
ビンタ(頭)
メメ(目)
ミン(耳)
フ(頬)
クッ(口)
クッ(首)
ヘッ(肩コリ)

ツラ(顔)の名称

アネジョ（姉）

アニョ（兄）

カカ（母）

オヤッ（父）

こんオカベは ネマッチョッど
アタラシとを コテケ。

（この豆腐は腐れているよ、
新しいものを買ってきなさい。）

ヘがトンジョッ。

（蝿が飛んでいる。）

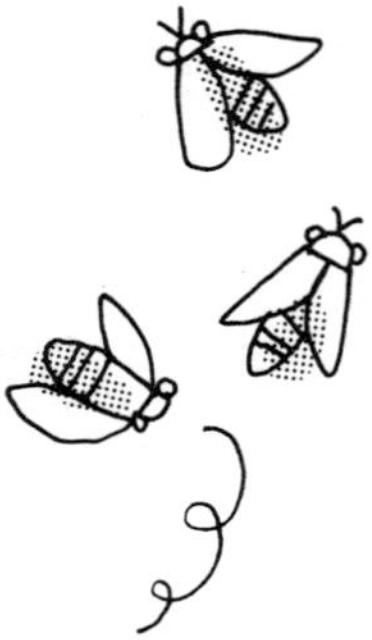

桜島《さくらじま》ん灰《へ》が降《フ》ッデケタ。

（桜島の灰が降ってきた。）

屁《へ》をヒッタ。

（おならをした。）

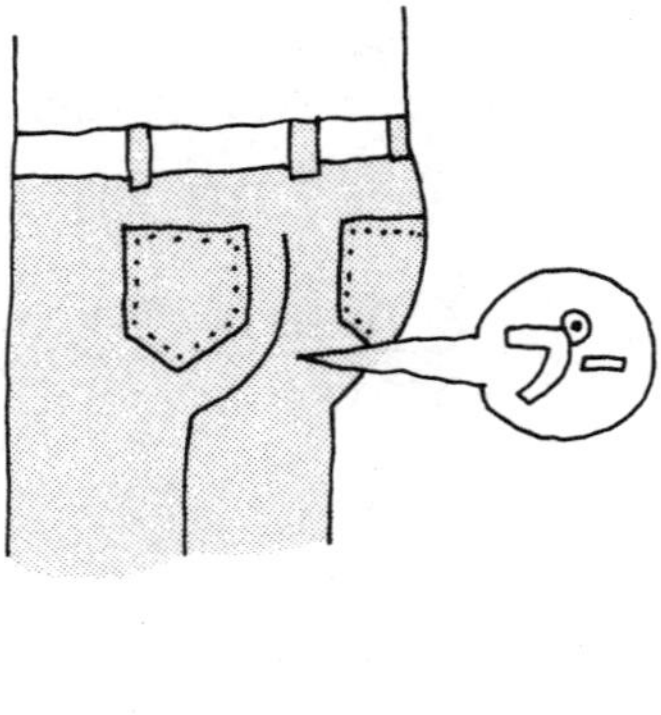

こんクスイは
キッに
ヨカフニ　キッ。
（この薬は傷に良く効く。）

オマンな
ノサッタ。
（あなたは運が良くなった。）

もいっき ムヒコン
ゴゼンケが
あいもしと。
（近々息子の結婚式が
ありますー。）
ヨカこっじょ。
（良いことです。）

ナイショット？
（何をしているの。）

ボールは
まだソケ
アッガナ。
（ボールはまだそこに
ありますよ）

シイにデケムンがデケタ。

（尻にできものが出来た。）

タマゴがケレタ。

（タマゴがかえった。）

ウッカタが ハッチタ。

（女房が逃げた。）

オハンな オイの宝物を アッコなョ！

（あなたは私の宝物をさわるな。）

また
シビンヌば
ヒッカブッタ。

（また寝しょうべんを
してしまった。）

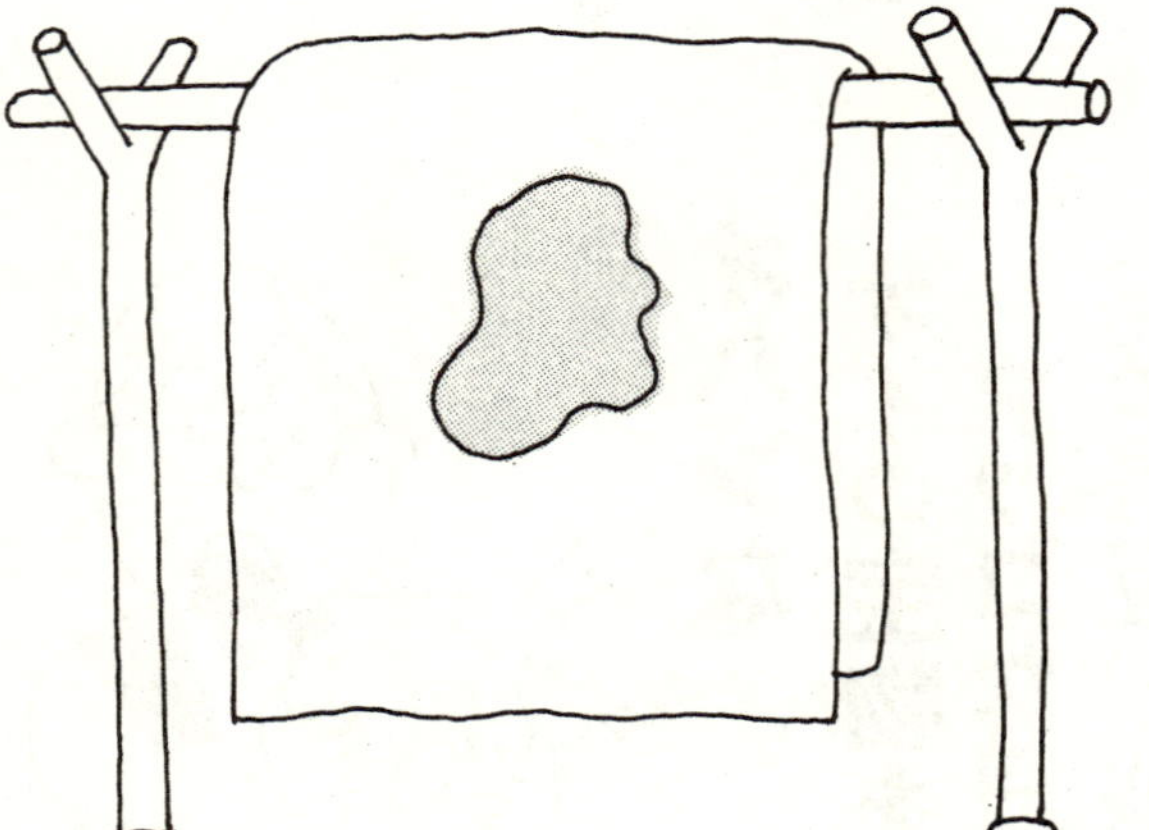

（ア）

アイ	あいつ　彼　あれ
アイ	青い
アイ	有る
アイ	アリ　蟻
アイヲ	あいつを　あれを
アイカ？	あるか？
アイガ	有るよ
アイカッ	合鍵
アイガテ	ありがたい
アイガテコッ	ありがたいことだ
アイガテゴワス	ありがとうございます
アイガトサゲモス	ありがとうございます
アイガトサゲモシタ	ありがとうございました
アイガテナァ	ありがたいなぁ
アイガテハナシ	ありがたい話
アイキョ	愛きょう
アイケ？	有るか？

鹿児島県豆知識

鹿児島県の概要

鹿児島県は南北六百kmにわたり、総面積は九、一六七Km²で、全国第十位です。鹿児島県は、14の市と73の町と9の村の計96市町村から成り立っています。

アイシコ　有るだけ全部
アイシココッケ　有るだけ買ってこい
アイシコモッケ　有るだけ持ってこい
アイシコモッコンカ　有るだけ持ってこないか
アイセェ　あいつへ　彼に
アイデ　あれで
アイタヨ　ああ痛い　痛いよー
アイタコラヨォ　どっこいしょ
アイニッ　あいにく
アイノイオ　鮎
アイノモン　彼の物
アイモコイモ　あれもこれも
アイモンデ　ありますから
アエ　青い
アエタ　落ちた
アオカ　青い
アオシガッ　シブ抜きをした柿のこと
アオス　シブを抜く
アオッ　鮑　アワビ

アオモイ　泡盛（酒）
アカ　船底にたまる水
アカイ　灯り
アカイ　明るくなる
アガイ　上がる　食べる　終り
アガイクッ　玄関　上り口
アガイモン　古着
アガイヤンセ　あがりなさい
アガヤンセ　召上れ
アカナ　赤い魚
アガハンカ　たべなさい
アクイヒ　あした
アケェ　呆れる　あっけ（にとられる）
アクッ　あくび
アクッ　開ける
アグッ　あげる（差しあげる）
アグッ　もどす　吐く
アグッガ　あげるよ
アグッチユウテ　あげると言うのに

アクイヒ　明日
アケ　明るい　赤い
アケナッタ　明るくなった
アケッ　茫然
アケッナッ　茫然となる
アゲナ　あんな
アケハタグッ　あけひろげる
アゲモス　あげます
アゲモソ　あげます
アゲモンソ　あげましょう
アゲモンデ　あげますから
アゲン　あんな
アゲンコチャ　あんなことは
アゲンコゲンユテ　あんなこんな言って
アゲンソ　差上げましょう
アゲンナ　あんなには
アゲン・ナ?　あんなにでしょうか?
アコ　赤い
アコナッタ　赤くなった

アザ　ほくろ
アサジ　朝露
アサニェゴロ　朝寝坊
アサネゴロ　朝寝坊をする人のこと
アシガト　足跡
アシクッ　混ぜかえす　あさる
アシコ　あれほど　あれだけ
アシコ　あそこ
アシコンコッデ　あれぐらいのことで
アシコソケ　あっちこっち
アシコバッカイ　あれぐらい
アシンハラ　足の裏
アスキ　彼処へ
アスケ　あそこ
アスコ　あそこ
アスッ　遊び
アスッケ　遊びに
アスッド　遊ぶぞ
アスッドシ　遊び仲間

アスッドッ	遊び道具
アスノハラ	足の裏
アセ	浅い
アセイ	あせる
アセイ	漁る
アセクイ	かきまわす
アセクッ	かきまわす
アセッ	汗も
アセッガ	あせるぞ　あせるなぁ
アタイ	私（男女共通）
アタイゲェ	私の家
アタイセェ	私へ
アタイタチャ	私たちは
アタイタッセェ	私たちへ
アタイドン	私たち
アタハンダ	私なんか　私共　我々
アタハンド	当りませんよ
アチ	熱い　暑い　厚い
アチド	熱いぞ

アツッ	あてる
アヅッ	あづき
アッ	秋
アッ	有る
アッ	味
アッ	灰汁
アッ	鯵
アッ	虻
アッカ？	有りますか？
アッガ	有るよ
アッカイ	預かる
アッガネ	有るじゃないか
アッギレ	あかぎれ
アックッ	預ける
アッケッ	預けて
アッコ	おまえ（目下へ）
アッコ	扱う
アッゴ	屁理屈
アッゴ	秋蚕

アッコチラス　さわりまくる
アッコタチャ　おまえたちは（目下へ）
アッコセェ　あちらへ　あそこへ
アッコソケ　あちこちに
アッセエ　彼方へ　あちらへ
アッタラシ　勿体ない
アッチ　空き地
アッチセェ　あちらへ
アッチャコッチャ　あちらこちら
アッチャコッチャ　あべこべ
アッツロ　あったろう
アッデ　そうか
アッデ　有るから
アット？　有るか？
アットナ　ありますか？
アットカ？　あるのか？
アッドガ　あるだろうが
アッナ？　ありますか？
アッナカ　あぶない

アッネ　あぶない
アッネ　商い　商売
アッネ　あるか？　ありますか？
アッネ　阿久根市（地名）
アッノネゴッ　あぶなくないように
アッバッ　手間のかかる
アッマッ　あく巻き
アッモンデ　ありますから
アテ　後（あと）
アテゴ　あてがう
アテスッ　あてにする
アテナイ　後になる
アテナッ　遅れをとる
アテナッセェ　あとになってから
アティナッセェ　あとになってから
アトウッカタ　後妻
アトカカ　継母
アトジィ　足のかかと
アトスザイ　後退すること

アトゼッ　後咳
アトトィ　後継者
アニョ　兄
アネジョ　姉
アノッサァ　あの人
アバ　唖の人
アバ　網打場　川漁場
アバテンネ　途方もない　大層
アヒィ　アヒル
アビィ　浴びる
アブイイヲ　焼き魚
アブイ　浴びる
アブイコ　餅　魚を焼く金網
アブラムシ　コガネムシ
アボ　母
アマイバッチョ　あばれん坊
アマイモン　余り物
アマエゴロ　甘えん坊
アマカ　甘い

アマゲ　雨乞い
アマメ　ごきぶり
アマビッ　雨蛙
アマボシ　尼僧
アマン　酢
アメ　甘い
アメチヤ?　甘いというのか?
アメビヨィ　雨日和
アメンヒ　雨の日
アヤ　根気
アヤガネ　根気がなくなった
アラカ　荒い
アラカモンジャ　荒いものだ
アラケ　母屋
アラゴッ　荒ごと
アラシカモン　若人
アラヨー　あらあら
アル　荒く　ひどく
アルスンナ　荒くするな

アレ　荒く
アユ　あいつを　彼を　あれを
アユイ　あいつを呼んでこい
アユヨンケ　落ちる　降る
アユッ　降ってくる
アユン　歩く
アユデイッガ　歩いて行こう
アユンケ　歩いてこい
アル　洗う
アレ　行水
アレムン　洗い物
アレモン　荒い物
アワセッ　アブラゼミ　油蟬
アワレナ　貧乏な
アワツイ　あわてる
アン　あの
アン　網
アンガ　ありますよ
アンサァ　あるものですよ　あります

アンサァ　兄さん
アンサン　兄さん　若い人
アンシ　あの人
アンシャ　あの人たちは
アンソ　あるでしょう
アンソ　でしょう
アンタ　あれは　あいつは
アンテ　あいつに　あれに
アント　あれを
アンナァ　ぁのねぇ
アンネェ　あぶない
アンネ　案内
アンネェ　あのねぇ
アンネネェ　あぶなくない
アンヒ　あの日
アンベ　具合　あんばい
アンベガワリ　具合が悪い
アンマイ　あんまり
アンワロ　あの野郎　あいつ

（イ）

イ　よい　好い　良い　善い
イー　炒る
イー　キリ　錐
イータクッ　炒める
イーウン　入り江
イートグッ　入口
イートグッガナカ　入口が無い
イートグッガアッタ　入口があった
イオ　魚
イオガドッサイオッ　魚が沢山いる
イオウイ　魚売り
イガア　井戸
イカイ　錨
イカナコテ　まさか
イキイ　生きる
イク　息
イグイ　えぐる

鹿児島県豆知識

鹿児島の県木

県木はクスの木です。一九七〇年（昭和四五）に選定されました。

イクサ　ようこそ
イクスッ　生きている
イクセンカ　息を吸え
イクッ　活ける　埋める
イクロ　酔う
イゲ　刺
イゲバラ　薔薇
イケンシテン　どうしても
イケンシテンヤッセンどうしてもダメだ
イケナコッ？　どんな（調子、具合）か？
イケホイ　墓穴をほること
イケル　墓穴に棺などをうめること
イゲラシ　せっかちな
イケンカ？　どうだ？
イケンスイヤ？　どうするか？
イケンシモソカ？　どうしましょうか？
イケンシモンソ　いかがしましょう
イケンシヤットナ　どうするのですか
イケンスイカ？　どうするか？

イケンスイケ？　どうするか？
イケンスットナ？　どうするの
イケンデンコゲンデン目茶苦茶　いい加減に
イケント？　どんなもの？
イケンナ　どうだ？　どうでしょう
イケンモコゲンモ　どうにもこうにも
イケンモデキン　どうもできない
イケンヤ？　どうだ？
イケンヨ？　どうだ？
イコ　行こう
イコ　うろこ
イコ　ふけ（頭などにたまる）
イゴカスッ　動かす
イゴッ　動く
イコゴッアッ　行きたいなぁ
イコゴタァナカ　行きたくない
イコゴタイネ　行きたいねぇ
イコモッ　イコ餅（菓子）
イコヤ　行こうや

イサ　医者
イサドン　医者
イサケ　喧嘩
イサコ　争う
イザンド　よいですよ
イシガッ　石垣
イシキイ　石工
イシゲ　アサリ
イジクッ　いじる
イシタタッ　セキレイ（鳥）
イシタハラ　しまった
イシッ　伊敷（地名）
イショ　衣服　着物
イショアレ　洗濯
イジョケ　米あげザル
イシヅロ　石灯篭
イシレン　くだらない　余計な
イシレンコツスンナ　くだらないことをするな
イスグイ　揺すぶる

イズッ　ゆでる
イズン　出水市（地名）
イセダ　急いだ
イソッ　急ぐ
イソッタクッ　慌て急ぐ
イタ　行った
イタイモネ　ずるい
イタイモネ　だらしない
イタイモナカ　だらしない
イタオ　行きましたよ
イタカ　痛い　熱い
イタグラ　あぐら
イタグラヲカッ　あぐらをかく
イタシッ　板敷き
イタッ　行って
イタッキモシタ　行ってきました
イタッキモンデ　行ってきます
イタッキヤンセ　行ってらっしゃい
イタッケ　行ってこい

イタツケ	かまぼこ
イタッミレ	行ってみろ
イタド	行ってきたぞ
イタメムン	炒め物
イダルイ	うだる　茹だる
イタン	痛む　傷み
イチジッ	無花果
イチエンガッモネ	一円の価値もない
イテ	熱い
イッ	指
イッ	射つ
イヅィ	茹でる
イッエ	勢い
イッガ	行こうや
イッカエタ	ひっくりかえした
イッガキルッ	息が切れる　息切れがする
イッカクイ	ひっかける　浴びせかける
イッカスイ	教える
イッカセタ	教えた

鹿児島県豆知識

鹿児島の県花

県花はミヤマキリシマです。一九五四年（昭和二九）に選ばれました。

イッカセル　言ってきかせる　教える
イッカセックルイ　教えてあげる
イッカセンカ　教えろよ
イッガネ　指輪
イッカヤス　ひっくりかえす
イッガンサァ　生き神様（人間）
イッキ　すぐに
イッキケ　すぐに来なさい
イッキャットナ　行くのですか
イッキョ　行き会う
イッキョタ　行き会った
イッギレマッギレ　息も切れ切れ
イック　たべる
イックタ　たべてしまった
イッゴ　いちご
イッコッ　頑固
イッコッモン　頑固者
イッコッガンナイ　短時間で終わる雷鳴
イッコッビヨイ　降ったり照ったりの天気

イッコン　一尾
イッサ　入れこむ
イッサッ　戦さ
イッシュ　アオギリ　梧桐
イッスィ　一升
イッスィヨ　行きちがう
イッスユ　すれ違いになる
イッスィゴタ　行きちがった
イッズィ　いつまで
イッズイネットカ　いつまで寝ているの
イッスン　少しも
イッソンコテ　いっそのこと
イッタドン　行ったけど
イッタドンオラン　行ったが居ない
イッタドンカァ　入るには入ったが
イッタバッテ　はいったが
イッダマシ　魂　精魂
イッタモイ　たべる

イッチゴタ　行きちがった
イッチゲ　行き違い
イッチニッ　一日中
イッチルイ　入れる
イッチ　いちばん　一等
イッチャ　一つ　片一方
イッチャビラ　一張羅
イッチャガンモネ　一文の値打もない
イッヂュィ　いつまで
イッチョイ　入ってる
イッチョル　入ってる
イッヂョン　昔　同じように
イッチョチョンゲ　片足とび
イッヂョキ　一緒に
イッツッ　追いつく
イッヅイ　いつまで
イッヅマイ　行止まり　行詰まる
イッヅマイ　息詰まり
イッデ　行くから

イッデ　一代
イッデン　いつでも
イッデンカッデン　いつも
イット？　行くの？
イッドキ　一緒に
イッドキサルッ　一緒に行動する
イットク　けつまずく
イットナ　行くのですか？
イットッ　ちょっと
イットッマックイヤイ　少し待って下さい
イットッドマ　少しの間ぐらい
イットッノコッ　一寸のこと
イットデタ　行きとどいた
イットドッ　行きとどく
イットッバッカイ　ちょっとの間
イッナ？　行こうか？
イッノコメ　いつのまにか
イッノコメオランド　いつのまにか居ないよ
イッバンニ　最初に　先ず

イッペ　いっぱい　一杯
イッペコッペ　あっちこっち
イッペノンガ　一杯飲もうや
イッメ　行ってみたら　行ってみろ
イッメ　行かない
イッメ　一枚
イッモカイモ　いつも　常に
イッモソ　行きましょう
インモドイ　往復
イッモンガ　行きましょうや
イッモハン　行きません
イヅロ　石燈篭（鹿児島市の地名）
イテ　痛い　熱い
イデ　いぜき　堰
イトウイ　へちま
イドコネ　うたた寝
イトマゲ　お別れ　いとまごい
イトヨイユエ　米寿の祝い（女子のみ）
イトワネ　痛くない　熱くない

イナイサア　お稲荷さん
イナカムン　田舎者
イナッ　癒る
イナバ　お転婆
イナビカイ　稲妻
イネ　強い
イネコッ　稲こぎ
イネタンゴ　てんぴん棒で担ぐ桶
イネテ　担ぐ人
イネテゴ　担ぎカゴ
イノ　かつぐ
イノクッ　夕方　たそがれ時
イノコ　土のう　網代
イノタ　担いだ
イノッ　命
イノッ　祈る
イバイ　威ばる
イビィ　いびる
イヒカッ　石垣

イブスッ　指宿（地名）
イヘ　位牌
イマサッ　先程
イマヤッタ　ただいま
イミイ　増える
イミシ　けちんぼ　意地の悪い
イミッ　ふえる
イメゴロ　はにかみ　内気者
イメジン　ぐず　愚図　内気者
イモイ　イモリ
イモガラボット　里芋の茎
イモッ　妹
イモッジョ　妹さん
イモレ　目のできもの
イヤ　えな　胞衣
イヤシゴロ　いやしん坊
イヨ　魚
イヨヲカン　魚を食べる
イラ　クラゲ　水母

イヲツイザオ　釣り竿
イヲツイバイ　釣り針
イラコ　ウロコ　鱗
イランコッ　余計なこと
イレムン　入れ物
イロヒッ　顔色
イロヒッガワリ　顔色が悪い
イワンコッ　言わぬこと
イワンコッジャイガ　余計なことだよ
イン　犬
インガネッ　野ブドウ
インガメ　犬神
インタラゲ　イタヤ貝
インノメ　いつの間に
インノメ　眼病
インノメキタトヨ　いつの間に来ましたか
インブノッ　オガタマの木
インマンコテ　その内に
インマサッ　今先

（ウ）

ウ　追う
ウ　負う
ウアタイ　大当たり
ウアメ　大雨
ウアメガクッド　大雨が来るよ
ウアンソラ　うわのそら
ウイ　売る
ウイ　瓜
ウイ　甥
ウイ　多い
ウイエ　売り家
ウイカタ　売り方
ウイッ　溜息
ウイバ　売り場
ウイケ　売るか？　売ってしまおうか
ウイテ　売り手
ウイムン　売り物

鹿児島県豆知識

鹿児島の県鳥

県鳥は奄美本島と徳之島にだけすんでいるルリカケスです。一九六五年（昭和四〇）指定され、一九二一年（大正一〇年）三月にはすでに国の天然記念物にも指定されていました。

ウイメ　ウルメイワシ
ウイヨウイヨ　ぞろぞろ
ウエ　多い
ウエー　驚愕の時の声
ウオナゴ　大女
ウカ　多い
ウケ　多い
ウカア　大川
ウカゼ　大風　強風
ウカク　追いかける
ウガタ　大型
ウカモン　沢山　幾らでもある
ウカン　浮かぶ
ウッカクイ　追いかける
ウクッ　受ける
ウクッ　大口市（地名）
ウグッナオ　アオダイショウ
ウグレ　大食い
ウケヨ　引受ける　請負う

ウケ　多い
ウケトイ　受け取る
ウケコタユッ　受けこたえる
ウコシヌッ　もろ肌ぬぎ
ウゴッ　動く
ウサッ　うさぎ
ウシ　薄い
ウシ　ウジ虫
ウジカケ　大規模
ウシケ　おおしけ　暴風雨
ウシト　後　うしろ
ウジ　大樋
ウジモ　大霜
ウシモウシ　大変薄い
ウスニワ　土間
ウスワロ　薄笑い
ウズン　うずく
ウゼ　大げさな
ウゼイコン　急き込む

ウゼケン　世間　世の中
ウゼケンバナシ　雑談
ウゼケンバラ　公憤
ウゼラシ　うるさい
ウゼラシ　きたない
ウソ　口笛
ウソグレ　薄暗い
ウソグレウッ　夜明け頃　明け方
ウソツッ　嘘つき
ウソヒイゴロ　嘘つき　嘘をつく人
ウゾメッ　わめく　怒鳴る　うなる
ウゾヤケ　いいかげん
ウソヲヒッ　嘘をつく
ウゾン　大損
ウタ　追った
ウタグイ　疑い
ウタゴ　疑う
ウタルッ　打たれる　なぐられる
ウタルッドネ　なぐられるぞ

ウチ　私の家
ウチ　疎い　無知な
ウチワロ　疎い人
ウッ　牛
ウツイ　記憶
ウツイガエ　鋭い
ウツイガワリ　鈍い
ウッカクッ　追いかける
ウッカタ　家内　女房
ウッガッ　わる
ウッガッタ　こわした
ウッガルッ　こわれる
ウッガンサア　氏神様
ウッカンダ　たべた
ウッキャガッ　浮上る
ウックイカヤス　耕やす
ウックウ　食べる
ウックヤス　こわす
ウックワス　こわす

ウッグアッ　割る
ウッグアッミレ　割ってみなさい
ウッケ　売ってこい
ウッゴッ　折る
ウッゴルイ　折れる
ウッコロセ　殺してしまえ
ウッスッ　捨てる
ウッセ　捨てろ
ウッセシモエ　捨ててしまえ
ウッセタ　捨てた
ウッタクッ　なぐる　打つ
ウッタチクッ　打ちつける
ウッタチクイ　くっつける
ウッタツクッ　くっつける
ウッタッ　出発
ウッタモイ　たべる
ウッチェタ　置いた　うち捨てた
ウッチャグッ　頭に血が上る
ウッチャグッ　打ちあげる

ウッチャグイ　打上げる（花火など）　大演説をぶつ　大ボラを吹く
ウッチャゲ　宴会
ウッチャゲヲスッ　宴会をする
ウッチヤメ　とりやめ
ウッチャメ　横降りの雨
ウッチャゲハイアゲ　思いっきり
ウッチュルス　（手や手綱を）ゆるめる
ウッチョク　置いておく
ウッチョク　追い越す
ウッチョィタ　置き忘れた
ウッツッ　追いつく
ウツッ　移る
ウヅッ　もり
ウッヅマイ　詰まる
ウッカヨワン　相手にしない
ウットクイ　倒れる
ウットケタ　ぶっ倒れた
ウッド　打つぞ

ウットマッ　止まる
ウッバ　うちわ
ウッパッ　とりはずす
ウッパズスッ　とりのぞく
ウッパズルッ　それる　あたらない
ウッパズレ　辺ぴな場所　村はずれ　果て
ウッパル　払いのける
ウッパルッ　売り払う
ウッポガス　損をする
ウテ　疎い
ウテモンジャ　疎いものだ
ウテアワン　相手にしない
ウデコ　大太鼓
ウデコオドイ　大太鼓を用いた舞楽踊り
ウデコン　大大根
ウド　大きい　巨人
ウトカ　うとい　気の効かない
ウドカ　大きな
ウドバレ　むくむ　はれる

鹿児島県なんでも日本一

池田湖のウナギは日本一

イッシーでも有名になった池田湖ですが、池田湖にいるウナギは日本一です。

ウナ	貴様ッという怒声
ウナッ	うなぎ
ウナン	大波
ウベ	あけび　ムベ
ウボラ	大風呂敷
ウミッ	大水
ウムッ	うすめる
ウムッ	埋める
ウムイ	うすめる
ウムイ	埋める
ウメ	おいしい
ウメカウンメ	美味しい梅
ウメッ	わめく　うめく
ウヤマ	大山
ウユッ	植える
ウラネ	占い
ウラン	裏の
ウルッ	熟れる
ウルッ	売れる

ウロイウロイ	うろうろする
ウロタユイ	うろたえる
ウワカ	多い
ウン	海
ウン	化膿汁
ウンナヒレ	海は広い
ウンダモー	あらまあ
ウンダモシタン	それは知らんことで
ウント	沢山
ウントンスントン	うんともすんとも
ウンニャ	いいや
ウンノ	ほんとにもう
ウンノ	失う
ウンボ	お婆
ウンマ	馬
ウンメ	梅
ウンメ	美味い
ウンメネ	おいしくない
ウンワロ	あの野郎

（エ）

エ　良い
エ　家
エ　エイ（魚）
エイ　選ぶ
エイ　襟
エイクッ　襟首
エイタクツ　選びまくる
エイマッ　襟まき
エウッ　家族内　親類縁者
エカゲン　いい加減
エカゲンニセンカ　いい加減にしないか
エカッ　絵描き　画家
エギ　えぐい　いがらっぽい
エクサ　ようこそ
エゴ　笑顔
エコヒッ　えこひいき
エザイ　いざる

エサッ　挨拶
エサッガヨカヤッ　挨拶がいい人
エサッガワリワロ　挨拶が悪い人
エサッジン　お世辞屋
エジ　ずるい
エシレン　余計な　くだらん
エシロ　あしらう　応答する
エジコッボ　ずるい奴
エジワロ　ずるい奴（野郎）
エズイ　かしこい
エスカ　ずるい
エソ　愛想
エダ　牛馬の筋骨
エダボネ　筋骨
エチッ　追いつく
エッ　お灸
エッ　駅
エッ　蝦
エッガネ　いせえび

エヅ	合図
エヅッ	吐く　吐気がする
エヅッ	絵好き
エッツク	追いつく
エッチョ	駅長
エテ	相手
エテンモン	得意なもの　十八番
エト	お灸
エトハイタカ	お灸は痛い
エド	餌
エトコイ	良い所
エナオイ	引っ越し　家なおり
エノソラ	屋根
エボシ	とさか
エヤシッ	家屋敷
エラ	姶良　阿平　吾平（地名）
エンザ	カキのヘタ
エンノソラ	屋根
エントッ	煙突

鹿児島県なんでも日本一

ツルの渡来数日本一

出水地方には、毎年冬になるとシベリアより、マナツルとナベツルが渡来してきますが、渡来数は日本一です。

（オ）

オ　逢う
オイ　俺　自分
オイ　居る
オイカ?　居るか?
オイガン　おり紙
オイコン　追い込む
オイッ　降りる
オイヅメ　折り詰め
オイドマ　俺は
オイドン　俺
オイニキ　居づらい
オイニッカ　居づらい
オイムン　織物
オイメセッニッ　五節句など古い祝日
オイモハン　おりません
オイモハンド　おりませんよ
オイヤスカ　居ますか　おいでですか

オイヤハンカ?　おられませんか?
オイヤンド　おられますよ
オエタ　終った
オエタ　生えた
オカシカ　おかしい（可笑）
オカシカコッ　おかしい事
オカベ　豆腐
オカベヤ　豆腐屋
オキイ　炭火のかたまり
オキイヤハンカ　起きなさいよ
オキラン　起きない
オキレ　起きろ
オクイ　送る
オクイ　葬式
オクイトドクッ　送り届ける
オクイモン　贈り物
オケバッ　おけ　桶
オゴ　娘
オコイ　怒る

オゴイ　自慢　いばる　誇る
オゴイバッ　暴れん坊
オゴジョ　娘さん
オコライヤッタモセ　堪忍して下さい
オサイジャンセ　いらっしゃいませ
オサイジャスカ?　おられますか?
オサイジャスカ　行かれますか
オサジャンサァ　おいでになります
オサジャンソカイ?　居ますか?　おいでですか?
オサッ　大崎（地名）
オサマッ　おさまる
オシ　惜しい
オシ　遅い
オジ　おそろしい
オジガイ　恐がる
オシカクイ　押しかける
オシクイ　強制する　押しつける
オシクッ　押しつける
オシコムッ　押し込める

オシトバカス　押し飛ばす
オシノトイ　オシドリ
オシモンジャ　遅いものだ
オジャィヤッタモンセ　おいでくださいませ
オジャッ　来る
オジャスカ?　おられますか?
オシャンセ　しなさい
オジャンド　おられますよ
オジャンドカ?　居ますか?
オジャハン　おられません
オショヨン　宴会　ご馳走
オスクッ　押しつける
オスナッ　遅くなる
オスン　惜しむ
オズン　目が覚める
オセ　遅い
オセ　大人
オゼ　おそろしい
オセナッタ　遅くなった

オセブイゴロ　いばる人
オセブル　いばる　大人ぶる
オセラシ　大人びた
オセン　占い
オセンガオイッタ　託宣が下った
オゼンフッ　お膳拭き
オソロシカ　怖い
オタ　会った
オダレ　軒びさし
オダン　黄疸
オチキ　おじ　おば（伯叔父母）
オチャッ　横着
オチャッモン　横着者
オチョクッ　からかう
オッ　折る
オッ　帯
オッ　沖
オッ　居る
オッ　置く

オッ　奥
オツッ　落ちる
オツイ　つり銭
オツイガナカ　つり銭が無い
オツッサア　お月様
オッカ　重い
オッガラ　砂糖きび
オッカン　お母さん
オッカハン　お母さん
オッキャガイ　起き上る
オッキャガッ　起き上る
オック　奥
オッケ　汁もの　おつゆ
オッサア　奥様
オッサッ　押す
オッサン　奥さん
オッサンナ　押すな
オッチャン　父ちゃん
オッツ　雄　おす

オッテ　一昨日
オットイ　盗る　とりあげる
オッボ　落穂
オテタ　落ちた
オテチッ　思いきり　落着く
オテッキ　たらふく
オテツッガワリ　気持ちが悪い
オデバイ　花見など野外での宴
オドイ　踊り
オトシ　水門
オドシ　かかし
オトチ　一昨日
オトテ　一昨日
オトチン　一昨日の
オトテン　一昨日の
オトテンバン　一昨日の夜
オトッ　弟
オドッ　踊る
オトッジョ　弟さん

オトッサン　お父さん
オトッチャン　父ちゃん
オトロシ　おそろしい
オナゴ　女　女性
オナゴキョデ　姉妹
オナゴスッ　好色男
オナゴンシ　女の人たち
オナッ　仰むく
オナメ　雌牛
オナメベブ　雌牛
オナメラ　女性（卑下したことば）
オネッ　下向く
オネッ　百日咳
オネヒメ　大根占（地名）
オバッサン　お祖母さん
オバジョ　おばさん
オババハン　おばさん
オハン　あなた
オビ　重い

オビシナムン　重い品物
オブカ　重い
オボエンゴッナッ　記憶を失う
オボッカネ　おぼつかぬ
オマン　あんた　お前さん
オマンサァ　あなた
オミ　重い
オミモオミ　大変重い
オミヤシ　ごらんなさい
オメ　妻　家内
オメウカン　思い浮かべる
オメガケンノウ　思いがけず
オメキィ　思いきり
オメコン　思いこむ
オメチッ　思いつく
オメッ　叫ぶ
オモガケンノ　思いがけず
オモシテヤッ　面白い人
オモシトカ　面白い

鹿児島県なんでも日本一

離島面積日本一

鹿児島には離島が多いです。有人離島面積は日本一です。

オモス　蒸す　蒸し暑い
オモタゴッ　思った通りに
オモタゴッイカン　思った通りにいかない
オモチョッ　思っている
オモテ　床の間
オヤシ　モヤシ
オヤス　育てる　増やす
オヤサルッ　おどかされる
オヤッ　親父
オヤッノゴッジャ　親父みだいだ
オヤットサァ　おつかれさん
オユッ　生える　うえる
オヨッ　泳ぐ
オラブ　叫ぶ
オラッタクッ　叫び回る
オルッ　折れる
オロイ　粗末
オロイオロイ　泣くさま
オロオロ・ユ　恐がって話す

オワイ　終わる
オン　鬼
オン　雄　おす
オンガメ　かまきり
オンガメオドイ　へたな踊り
オンサン　居ない
オンサンド　居ませんよ
オンジョ　年寄り　年配者
オンジョンボ　夫婦
オンツ　雄
オンヅ　音頭
オンド　居ます
オンドイ　雄鶏
オンドガ　居るだろうが
オンナ？　居るか？
オンナシコッ　同じぐらい
オンバク　オオバコ
オンハンド　いません
オンミャンセ　ごらんなさい

（カ）

カイ	借りる
カイ	かゆい
カイ	軽い
カイ	仮
ガイ	叱る
カイケ	借りに
カイサ	会社
ガイシ	軽石
ガイタクッ	叱りとばす
カイタクッ	借りまくる
カイニ	仮に
カイワザ	軽業
カウェタ	乾いた
カエ	通い
カエタ	乾いた
カエッ	返る
カエッチャ	かえって

カエチョッ	通っている
カカ	母親　家内
カカイ	さわる
カカイ	かかわり　関係
カカイタクッ	いじりまわす
カカイツケ	かかりつけ
カカイヨ	関係
カカイヨナ	係りあうな
カカジィ	掻く
カカジッ	ひっかく
カカジラレタ	ひっかかれた
カカッナ	さわるな
カカドン	お母さん
カカラン	さわらない
カカランネ	とんでもない
カガン	鏡
カガンモッ	鏡餅
カクッ	掛ける
カクッ	走る　駆ける

カグッ　欠ける
カクルッ　隠れる
カクレゴ　かくれんぼ
カケオ　掛け合う
カケゴッ　賭け事
カゲボシ　影法師
カケモン　掛軸
カゲヤンブシ　影法師
ガゴ　おばけ
カゴッマ　鹿児島（地名）
カゴム　しゃがむ
カゴンマッラザッ　篭の枕崎（地名）
カザ　匂い
ガサ　できもの
カザイ　飾り
カサブッ　かさぶた
カシケ　賢い
カシタ　長　かしら　主
カシタドイ　音頭取り

カスイ　借せる
カスイ　かすりの着物
カズユッ　数える
カズラ　つた
カスン　霞
カスン　かすむ
カズム　香をかぐ
カズン　嗅ぐ
カゼグイマ　風車
カゼヒッ　風邪をひく（ひいた人）
カタイ　語る
カタイ　仲間入り
カタイ　語り
カタイエ　話し合い　相談
カタイグチ　交替で　かわりばんこ
カタイゴッ　話し合い　相談
カタイゴッ　かわるがわる　交互に
カタイヨ　話し合う
カタカタ　片ちんば　不つりあい

カタシト　義理固い人
カタクイ　かたくり粉
カタグッ　担ぐ
カタゲル　かつぐ
カタシ　椿
カタス　加える　仲間にする
カタッ　話す
カタッガ　加わろうや
カタヅクイ　片づける
カタビタ　傾いた
カタビッ　傾く
カタブクイ　傾むける
カタマイ　かたまり
カッ　柿
カッ　カブ
カッ　勝つ
カッ　かび
ガッ　叱る
ガッ　餓鬼

鹿児島県なんでも日本一

日本一の大クス

鹿児島県の県木はクスの木と前記しましたが、なんと蒲生町八幡神社に植えられているクスの木は高さ30メートル幹周り24・2メートルで、日本一大きなクスの木です。

カッカイ	背負う
カッガネ	錠前
カッガネッ	かびがはえる
カッガラ	コウゾの木
カッゴ	覚悟
ガッコンコ	学生
カッサァ	お母さん
カッシャグッ	貸す
カッシヤィ	貸して下さい
カッシャハンカ	貸して下さいませんか
ガッショッ	気が合わない
カッスッ	かぶせる
カッゾマ	掻きソバ（蕎麦）
カッタ	多分
カッタオカシ	多分おかしい
カッタ	カルタ
カッタクッ	書きなぐる
カッチラカス	掻きむしる
カッチラスッ	書き散らす
ガッツィ	丁度
ガッツイノハナシ	確かな話
カヅッツケッ	嗅ぎつける
カッテシデ	勝手自由に
カッド	勝つぞ
カッド	映画
ガッド	怒るぞ
カットシュ	かたっぱしから
カッナ	刀
カッネ	垣根
カテ	かたい
カテ	義理を重んじる
カテシト	義理固い人
カテハナッ	かたい話
カテッポ	片一方
カテムン	おかず　副食
カナ	かんな
カナクッ	かんな屑
カナクッ	釘

カナダレ　金のたらい
カナヂョカ　鉄瓶
カナヅッ　かなずち
カナッ　金具
ガニ　蟹
カヌ　勝つ
ガネ　蟹
カネッ　かねて
ガネッ　野ブドウ
カネヘゼ　ふだん　かねて
カネマワシ　輪回し
ガネラン　カニサボテン
カノ　勝つ
カノシシ　鹿
カバシ　香ばしい
カナヒカ　悲しい
カビョ　看病
カブジッ　しゃぶる　かじる
カブスッ　被せる

カベ　垣根
ガマ　洞穴
カマゲ　カマス　俵
カマツッ　赤粘土　粘土
ガマホイ　穴堀
カメヤッナ　かまわないで
カヤス　返す
カユッ　換える
カライモ　さつまいも
カラカ　辛い
カラカ　焼酎が強い
カラカラ　焼酎を入れる燗びん
カラガン　チリ紙
カラクイ　仕かけ
カラクイダケ　韓国岳（霧島山の最高峯）
カラクッ　絡げる
カラグッ　たばにする
カラコ　揶揄する
ガラッパ　河童

ガラッパグサ　どくだみ草
カラヘッ　アオダイショウ
ガラレタ　叱られた
カラン　堰堤　いぜき
ガランツ　干した小魚（いわし）
カリ　軽い
カリッ　借りる
カル　背負う
カルカ　軽い
カルカン　郷土菓子の名前
カレ　辛い
カレ　焼酎が強い
カレ　カレイ（魚）
カレコ　背負い篭
ガレブ　野ブドウ
カワガデッ　増水する
カワッ　変わる
カワドイ・オ　溺死する
カワビッショ　カワセミ

カワンツィ　川の端
カヱヘッ　川に入る
カン　神
カン　紙
カン　噛む
カン　上
カン　髪
ガンギ　海岸
カンキッ　噛み切る
カンキッ　味見
カングッ　考える
カンゲ　考え
カンゲカタ　考え方
カンゲゴッ　考えごと
カンゲタカ？　考えましたか？
カンサア　神様
カンゲチッ　アイデアが浮かぶ
カンゲツッ　考えつく
カンゲナオシ　考え直す

カンゲナシ　考えもなく
カンゲマッゲ　考え間違い
カンゲモネコッ　無分別
カンシビッ　噛み潰す
カンジャ　便所
ガンジュナ　頑丈な
カンジョ　勘定
ガンジョ　頑丈
カンジョン　便所
カンジン　貧乏人
カンズイ　上水流（地名・姓）
カンズィ　数える
カンゼ　便所
カンゼカタ　数えること
カンタクイ　噛みくだく　食い散らす
カンタクッ　噛んで
ガンタレ　ダメな　役に立たない
カンチッ　噛みつく
カンダナ　神棚

鹿児島県なんでも日本一

甘藷生産量日本一

甘藷は別名サツマイモとよばれています。鹿児島は甘藷とは、切ても切れない間柄です。生産量は言わず知れた日本一。

カンチン	けちんぼ
カンヂョカ	酒類のカン瓶
ガンツッ	顔つき
カンツッ	噛みつく
カンヅツン	紙包
カンツン	整髪
カンナイドン	雷
カンナクッ	鉋屑
カンナレ	雷
カンヌッ	神主
ガンブイ	いっぱい
ガンブイ	総入れ歯
カンマン	かまわない
カンマンド	かまわないよ
カンムッ	かぶる
カンメ	かまわない
カンメ	神舞い
カンワレ	雷
カンモ	唐芋

（キ）

キ	刺
キ	黄色い
ギ	文句
キイ	黄色
キイ	霧
キイ	切る
キイ	桐
キィ	着る
ギイ	義理
ギイ	渦
ギイガモウ	渦が巻く
ギイガテ	義理堅い
ギィギィ	ぎりぎり
ギイギイメ	ミズスマシ
キイデコン	切大根
ギイハイ	義理交際
キイバン	まな板

キィモン　着物
ギイモネ　賤しい
キィワルッ　笑いやがって
ギオユ　文句をつける
キカ　黄色い
キカンタロウ　きかん坊
キクラ　キクラゲ
キケタ　効いた
キケタヒト　威厳のある人物
キケモン　凄腕　敏腕家
キザ　階段
ギシ　岸
キシオラッ　怒鳴って
キシカ　きつい
キシカアセ　ぬかせ
キシカエッ　言いやがって
キシコサッナ　生意気な
ギシット　沢山　ぎっしり
ギッシィ　ぎっしり

キシネコ　虎ネコ
キシノトイ　雉　キジ
キシメンデ　面倒な
キシン　肉桂
キシンダ　死んだ
キジョンナ　気丈な
キスカ　きつい
キスッ　着せる
キセイ　煙管
キゾンワリ　薄気味悪い
キタ　効いた
キダ　ひだ　襞
キタカ　うつぼ
キタゴチ　北東風
キダゴロ　固い糞
キチ　きつい
キチンキチン　きちんと
キッ　聞く
キッ　着る

キッ　効く
キッ　傷
キッカ　きつい
キッガ　気持ちが
キッガ　尋ねるよ
キッガワリ　気味が悪い
キッゲ　気違い　狂人
キッゲビヨイ　気違い日和り
キツクジイ　キツツキ
キツゴアス　ひどいもんですよ
キッサナカ　汚い
キッサネ　汚い
ギッシィ　ぎっしり
キッセガラシ　騒がしい
ギッタ　ゴム
ギッタマィ　ゴムマリ
キッチャンモズ　モズ　百舌鳥
ギッチョ　左きき　左手
ギッチョ　遊戯具

キッテセ　きつい　つかれる
キッニキ　聴きづらい
キッニキ　切りにくい
キッネ　きつね
キッノハナ　菊の花
キッパシ　切れっぱし
キッモハン　聞きません
キッモハン　効きません
キッヤゾロシ　やかましい
キト　祈祷
キド　門の辺り
キナクセ　きなくさい
キニュ　昨日
キノウレ　梢
キノッテ　昨日　先日
キノソラ　木と高い部分
キノ　昨日
キノドッカ　むごたらしい
キバイキラン　頑張り切れない

キバイキランコ	我慢くらべ
キバッ	頑張る
キバル	我慢する　許す　がんばる
キバレ	頑張れ
キビッ	結ぶ
キビィ	しばる
キビル	ひもなどでくくること
キボソカ	心細い
キマイ	決まり
ギメ	コオロギ
キメツクイ	決めつける
キモス	来ます
キモッ	気持ち
キモイイ	世話をする
キモガキルッ	気前がいい
キモガヤクッ	胸がやける
キモッガエ	快い
キモッガワリ	気持ちがわるい
キモン	着物　衣服

鹿児島県なんでも日本一

花消費県日本一

鹿児島県を訪れた人が、鹿児島の墓をみて一様に驚きます。花がいつ来ても、綺麗に飾られてあるからです。他県では見られない風景だといいます。花の消費量が日本一といわれる所以でしょうか。

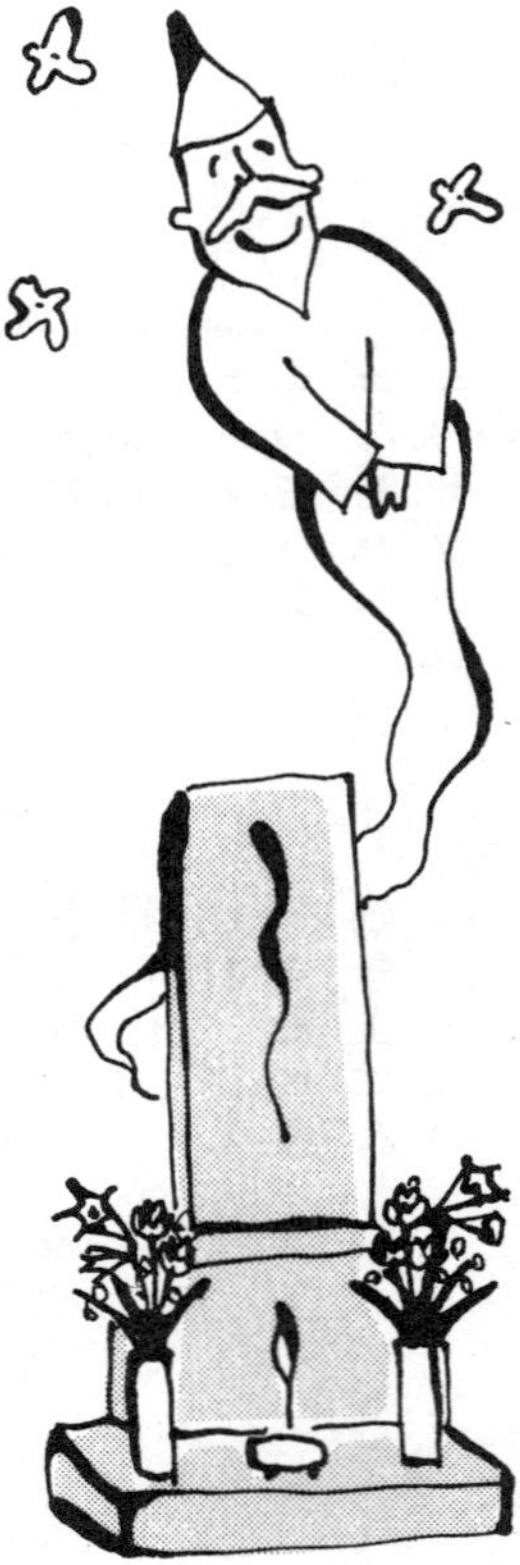

キヤァタロ　ばかな奴
キャクッコ　幼児を膝の上で上げ下げする
キヤス　消す
キヤスン　消炭
キヤカス　消す
キヤシタ　来られた
キヤッタ　来られた
ギヤホンネコッ　気の毒なこと
キュ　今日
キユッ　消える
ギョシ　行司
キョデ　兄弟
キョネンオトドヒ　数年前
キラス　おから　豆腐がら
ギラフッ　ホラ吹き
ギラヲカヤス　自慢する　ホラを吹く
キラン　着ない
キリ　綺麗
キリゴンシャ　潔癖な人

キリシマヤケシ　オニヤンマ
キレ　きれい
キレイカヒト　綺麗な人
キレゴロンシャ　きれい好きな人
キレモン　敏腕家
キロ　嫌う
キロッ　記録
キンキンスワッ　正座する
キンクネッ　クネンボミカン
キンゴキンゴ　美しく光っていること
キンゴロ　睾丸
キンジョヅッケ　近所つき合い
キンチッダケ　金竹
キンデクヮ　水仙
キント　きちんと
キントスワイ　正座をする
キンノイショ　絹衣裳
キンベ　金蝿
ギンミ　相談

（ク）

ク	食う
ク	トゲ
クイ	栗
クイガヨカ	暮らしがよい
クイケ	来るか？
クイチッ	食いつく
クイデ	草履つき下駄
クイナッ	おっくう
クイノモッ	切餅
クイマ	車　自動車
クイメ	来ないだろう
クイヤアセ	繰り合せ
クイヤィ	ください
クイヤンセ	ください
クカ？	食べるか？
ククッ	括る
クグッ	潜る
クケッ	間びく
クサイ	とじる
クサイ	鎖
クサカ	臭い
クサキイ	草刈
クサス	馬鹿にする
クサッ	腐る
クサッナ	クサギ
クサトイ	草取り
クサヤボ	草藪
クサラカス	くさす　かげぐち
クシ	くじ　籤
クジッ	くじる
クシッノ	串木野（地名）
クシャッ	ひしゃく
クスイ	薬
クスイユッ	薬指
クセ	くさい
クズユッ	崩れる

グゼゴツ	小言
クセラシカ	粋がる
クセン	くしゃみ
クソゴイ	カラスウリ
クソトッ	トビ
クソベ	金蝿
クタ	食べた　食った
クダイカゼ	北風
クダッ	下がる
クダマキ	クツワムシ
クヂ	くどい
クチラカスッ	食い散らす
クデ	くどい
クド	食べるよ　食べるぞ
クッ	イシガメ
クッ	靴
クッ	釘
クッ	口
クッ	首

鹿児島県なんでも日本一

屋久島の縄文杉

屋久島は世界遺産登録を受けました。屋久杉といわれるものは樹齢千年以上のものをいいますが、その中でも縄文杉は高さ30m、幹周り16・1mと日本で最大の杉です。

クッカ?　来るか?
クッカザイ　首かざり
クッキビィ　首つり
クッサカ　くさい
クッサルッ　腐る　腐れる
クッサレ　きたない奴
クッサレモン　役だたず
クッツイ　首つり
クッド　来るぞ
グッナッ　グッタリする
クッヌッ　釘抜き
クッバシ　くちばし
クデ　くどい
クニゲ　食い逃げ
グニャッ　グッタリする
クヌッ　クヌギ
グノン　うのみにする
クビイツケッ　しばりつける
クビッ　くくる

クブキ　俵
クブッ　燃す
クボン　凹む
クマセッ　クマゼミ
クマダカ　ワシ
クムン　食い物
クモイビ　曇り日
クモン　食べ物
クヤ　紺屋　染物屋
クヤイ　たべなさい
クヤス　こわす
クヤン　おくやみ
クヤン　悔む
クユッ　くずれる
クヨ　たべるよ
クヨ　供養
クラカ　暗い
クラゴ　比べ
グラシ　可哀想

グラシカネ　可哀想だね
クラスン　くらやみ
クリ　黒い
クリッタン　転ぶ
クルッ　くれる
クル　叱る
クルイ　くれる　あげる
グルイ　まわり
グルイト　ぐるっとまわる
クルタクッ　叱りとばす
クレ　暗い
クレ　位　くらい
クレ　桶を作る板
クレ　無知　不勉強
クレ　黒い
クレチッ　食らいつく
クロカ　黒い
クロタクッ　叱りとばす
クロジョカ　焼酎を入れる土瓶

クロドイ　水鷭
グヮィ　同じ
クヮイシャ　会社
グヮイト　広々と
グヮエタ　失敗した
クヮシ　火事
クヮッサイスッ　がっかりする
クヮノッ　桑の木
クヮラィクヮラィ　ぽろぽろ涙をこぼす
グヮラッ　だめな　こわれる
グヮラッナッタ　こわれてしまった
クヮンカ　食べないか
クワンジン　乞食
グヮンタレ　劣悪品
クヮンノンサアメイ　観音様参り
クン　組む
クン　汲む
クンナ　来るか?
クンナ　来るな

（ケ）

ケ　来い
ケ　貝
ケ　買い
ケ　……に
ケアガッ　上気する
ケイ　蹴る
ゲイ　悪くなる
ケイアグッ　蹴りあげる
ケイコメ　蹴り込め
ケイシッ　形式
ケイタクイ　蹴ちらす
ケイタクッ　蹴りつける
ケイダセ　蹴り出せ
ケイタオスッ　蹴り倒す
ゲェ　家に
ケオツッ　落ちる
ケガラ　貝がら

ケカルッ　枯れる
ケキユイ　消える
ケクサルッ　腐れる
ケクユイ　壊れる
ケコ　稽古
ゲゴ　カイコ　蚕
ケコガイッ　上手くなる
ゲゴジョ　カイコ　蚕
ケコロッ　転ぶ
ケコロダ　転んだ
ケコロセ　殺せ
ゲザラシ　下品な
ゲシ　たらい
ケシム　死ぬ
ケジャクシ　杓子
ケショ　化粧
ケショドッ　化粧道具
ケシン　死ぬ
ケシン　肉桂

ケシンダ	死んだ
ケシンメ	裏返し
ケシンメ	死ぬようなめに　ひどいめに
ケシンメオタ	死ぬような目にあった
ケスィ	小生意気
ケズィ	削る
ケスィバッチョ	小生意気な奴
ケスィボ	こっけいな人
ケスッ	いたずらする
ケスワッ	座る
ケセン	肉桂
ケタ	書いた
ケダムン	けだもの
ケダルカ	疲れた
ケダモン	けだもの
ゲタンハ	菓子
ケチッ	けちる
ケチョ	蛔虫
ゲツ	指図

鹿児島県なんでも日本一

沖永良部のユリ栽培

沖永良部のユリ栽培は日本一です。

ケッ　蹴る
ケッ　お尻
ゲッ　最後
ケッサルッ　腐る
ゲツスンナ　指図をしなさんな
ケッタビラ　尻臂
ゲッタ　どんじり
ケッノス　肛門
ケナガルッ　流れる
ケナユッ　萎える
ケナブル　軽蔑する
ケネ　家族
ケネグッ　逃げる
ケネジュウ　家族みんな
ケネッ　寝る
ケビ　煙い
ケマイ　蹴マリ
ケマグレタ　道に迷った
ケムイ　煙

ケモユッ　物が燃える
ケモシタ　買いました
ケモン　買物
ケルッ　孵化する
ケレ　家来
ケレ　帰れ
ケレタ　かえった（孵化）
ケワスルッ　忘れる
ケワスレタ　忘れた
ケワル　笑う
ケワルナ　笑うな
ケワロ　笑う
ケワレタ　こわれた
ケンケン　片足とび
ケンダケ　気位高い
ケンダルッ　疲れる
ケンヅメ　蹴爪
ゲンネ　はずかしい
ケンビッ　ひきつけ　けいれん　清潔癖

（コ）

コ　買う
コ　子供
ゴ　合
ゴアス　ございます
ゴアンガ　そうです
ゴアンサァ　そうですよ
ゴアンサァ　ありますよ
ゴアンシタドデ　だったでしょうから
ゴアンソ　そうでしょう
コイ　これ
ゴイ　ツルレイシ
コイカァ　これから
コイカァ　濃い
コイギィ　これまで
コイギイジャ　これまでだ
コイクセカ　これこそ
コイゴイ　こりごり
コイゴイ　濃ゆごゆ
コイデ　これで
ゴイト　全部
コガッナ　小刀
コガムイ　片づける
コガレ　焦げ
コガレメシ　焦げ御飯
コケ　買いに
コケ　ここに
コゲナ　こんな
コゲン　こんなに
ココイ　心
ココイヤシ　心易い
コサイアツムッ　寄せ集める
コサッナ　生意気な
コゴツ　小言
ココントコイ　ここのところ
コサッ　まぜる
コサッ　こする　削る

コサッタクッ　ひっかき廻す　まぜかえす
コサッダスッ　突き出す
コサットバカスッ　突き飛ばす
コサッナ　生意気な
コサンダケ　布袋竹
コシ　こうじ
コシ　けち　こずるい
コジ　シイの実
コシコ　これだけ
コシコシカナカカ　これだけしか無いですか
コシタユッ　調理する　こしらえる
コジックィ　小男
コシッノメシ　強飯
ゴシトツ　二合五勺
コシヌッ　肌ぬぎ　もろはだぬぎ
コシマッ　腰巻き
ゴジャンスカ　ごめん下さい
コシュ　とうがらし
コジュ　シイの実
コジュゴヤ　十三夜
コジュサア　奥様
コシュミナ　貝のレイシ
コジンサア　荒神様
コズ　小僧
コスイ　狭い
コスイキッ　擦り切れる
コスグッ　くすぐる
コスワイカ　こそばゆい　くすぐったい
ゴゼダケ　寒竹
ゴゼムケ　結婚式
ゴゼドン　嫁さん
ゴゼドン　盲目の女三味線ひき
ゴゼン　御飯
ゴゼンケジョユ　結婚式後のパーティ
ゴゼンケユエ　結婚式後のパーティ
コセントイ　口銭かせぎ
コソクイ　修理　小作業
コソクイヲタノン　小作業を頼む

コソグッ　くすぐる
コソッ　跳ね起きる
ゴソバイ　くすぐったい
コソバリ　むずかゆい
コタ　買った
コダ　気の効いた　利口な
コダクイ　小刻みにきざむ
ゴタクロシ　逞ましい
コタッ　こたつ
コタッヲコタ　こたつを買った
ゴタマシ　逞ましい
コタユッ　こたえる
ゴヂュ　町内（郷内）
ゴヂュンツッケ　町内の交際　つきあい
コッ　かび
コッ　くも
コッ　昆布
コッ　たんこぶ
コッ　漕ぐ

ゴッ　ように　如く
コッキタ　買ってきた
コック　買ってくる
ゴック　強飯
コッセエ　こちらへ
コッセエ　買って
ゴッソ　御馳走
コッソイ　こっそり
ゴッソイ　全部
ゴッタン　板張の三味線
コッタマシ　逞しい
コッテウシ　牡牛
コッノヤネ　クモノ巣
コッノカゼ　東風　春風
コテ　買手
コデ　小鯛
ゴテ　足
コデコ　小太鼓
コトイ　訪問

コドイ	手伝い
コトロシシコ	沢山
コトワィ	許可
コトワッ	わびる
コドン	子供
コドンコドンシタ	子供じみた
ゴナカラ	一合半
コナス	いじめる　きたえる
ゴナンギサアナ	ご苦労な
コヌスット	こそどろ　小盗
コネ	来ない
コネガッ	甘柿
コネクイ	まぜかえす
コネクッ	こねる
コネクイカヤス	まぜかえす
コネダ	このまえ
ゴネッ	死んだ
コネヤ	来ないか
コノゴイ	この頃

鹿児島県なんでも日本一

ブロイラー飼育日本一

鹿児島は薩摩ドリで有名ですが、ブロイラー飼育でも日本一です。

コノッサァ　この方　この人
コバ　木場
コバイチッ　こびりつく
コバイチタ　こびりついた
コバナ　額
コバムッ　片付ける
ゴヒトッ　二合五勺
コビッ　括る
コビッドン　木こり
コビッドンゲエ　木こりの家
コブ　昆布
コブシ　ハマスゲ
コブッ　にぎりこぶし　拳固
ゴフッ　着物
ゴフッキャ　呉服屋
ゴブレサァナ　御無礼な　失礼な
コベ　勾配　傾斜
ゴボ　ごぼう
ゴボシ　零す

コマカ　細かい
コマシカ　計算高い
コマッ　困る
コマゴッ　こごと　小さなこと
コマゴマッ　細まごま
コマンカ　小さい
コマンチ　微細な
コマンチロ　小男
コマンナァ　困るね
ゴミッツ　七合五勺
コムッ　小麦
コムッカシ　むつかしいこと
ゴムンチン　ダボハゼ類
コメ　小さい
コメト　小銭
ゴメンナッタモシ　ごめんなさい
コモイ　コウモリ
コモイ　子守
ゴモキシ　ハゼ

コモシタ　買いました
コモセバ　買ったなら
コモソ　買いましょう
コモゾ　虚無僧
コモッ　子持ち
コモッ　小餅
ゴモッゾ　塵芥
コモンソ　買いましょう
コヤス　引っこ抜く
コヤッ　肥料
コヤッ　膏薬
ゴヤトサア　ご苦労様
コユ　これを
ゴユ　御用
コヨン　暦
コラ　河原
コラ　もし（人を呼ぶ時の）
ゴラ　シラミ
コライヤッタモシ　許して下さい

コラエヤン　我慢しなさい
コラユッ　許す
コラッ　乾く
コラコラ　オイオイ（人を呼ぶ）
コリ　これに
コルッ　転ぶ
コルダ　転んだ
ゴレ　御礼
コレワコレワ　有り難う
ゴロイゴロイ　沢山
ゴロイト　とうとう
ゴロイト　沢山　随分
ゴロイトモッケ　沢山持ってきなさい
ゴロッ　転ぶ　ころりと
コロッ　即死
ゴロッタ　かたまり
ゴロッタギイ　丸切り　ぶつ切り
コロゲマクッ　転げ回る
コロダ　転んだ

ゴロタ
コロバカス
コワカ
コワモチ
コヲハタク
コン
コン
ゴン
ゴンゴ
コンコバオイ
ゴンゴンメ
コンシ
コンジョ
コンシンバナッ
ゴンゼ
コンタ
コンダ
ゴンダメ
ゴンダギイ

丸太
転がす
おそろしい
かき餅
粉をひく
混む
此の
ゴミ
五合
ねんねこ
アンズ　杏
この人たち
根性
意気のあがらない話
ひきがえる
これは
馬の歩調
ゴミ溜め
あら切り　ぶつ切り

コンチア
コンツッ
コンツア
コンツン
コンテ
コント
コンドギィ
コントコイ
コントナ？
コントナ？
コンニャ
コンニャッ
コンネ
ゴンバコ
ゴンハレ
ゴンハタッ
コンマエ
ゴンメ

今日は
この次
来ないって
小包
米袋
こいつに
これを
今度まで
此処
これですか？
来ないのですか？
今夜
こんにゃく
来ないか
ごみ箱
ごみ払い
塵たたき　はいたたき
この前
五枚

（サ）

サアッ　さわる
サアハン　さわらない
ザィ　砂利
サィナァ　さようなら
サイマタ　猿股
サィモ　どうしても
サエ　～へ
サエン　野菜畑
サオンデ　干物台
サカシ　若い
サカシンメ　裏がえし
サカッ　発情する
サカンケ　出迎え
サケ　境界　さかい
サケクレ　酒飲み
サシ　久しい
サシ　物差し

サシ　てんびん棒
サシガサ　から傘
サシカブィ　久し振り
サシゲタ　下駄
ザシッ　座敷
サシツケ　おっつけ　もうすぐ
サシン　刺身
サシンボチョ　刺身ぼうちょう
サス　咲く
サス　誘う
サス　久しく
サスッ　させる
サスッ　さする
サダッチャメ　夕立
サッ　札
サッ　先刻
サッ　咲く
サッ　錆
サッオッドシ　一昨年

サッオトテ	一昨日
サッガクロ	錆びる
サッゲタ	高下駄
サッセン	借金
ザッツ	座頭
サッノヨ	あの世
サッバッ	こわばる
ザッペラッ	雑に
サッムクレ	ささくれ
サツッ	皐月躑躅
サツマドイ	薩摩鶏
サデゲッ	再来月
サデセン	再来年
サトィニキ	わかりにくい
サトキッ	砂糖キビ
ザナカ	座敷
サナッ	さなぎ
サナボイ	田植完了の祝宴
サネ	種子

鹿児島県なんでも日本一

世界一の石灯籠

知覧は特攻基地で有名ですが、特攻観音の境内に特攻の母こと鳥浜トメさんを顕彰して東京の会社社長が建立したのが世界一の石灯籠です。

サネコッ　がい骨
サノボイ　ハゼの稚魚
サバケン　片付かない
サバクイ　捌ける
サヒカブイ　久しぶり
サビスナカ　寂しくない
ザフッ　ぞうきん
サマカス　冷やす
ザマンネ　だらしない
ザマヲメ　ざまあみろ
ザマンネ　だらしない
サミ　寒い
サムレ　武士
サムッ　覚める
サラ　頭髪の渦まき
サルッ　あちこち歩く
サレゲツ　再来月
サレネン　再来年
サロク　歩く

ザワイザワイ　ざわざわ
サワッ　さわる
サワハン　さわらない
サンカ　寒い
サンクオドイ　三光鳥
サンゲシ　竹馬
サンゴンサカヅッ　三々九度の盃
サンサガイ　三下り（鹿児島民謡の一つ）
サンシュ　山椒
サンジ　三里
サンゼ　三十才以上の男子
サンゼボラ　大型のボラ（魚）
サンセン　三味線
サンセンヒッドン　三味線弾き
サントッ　しばらくして
サントッサガイ　時期遅れ
サンバドン　産婆
サンニョ　計算
サンモジ　三又路

（シ）

シ　シイの木
シ　衆
シアイ　蟻
シアッ　仕合う
シイ　酸い
シイ　尻
シイアイ　知り合い
シイアッテ　知り合って
シイサガイ　後退
シィタビラ　お尻
シイタレ　末っ子
シィノス　肛門
シィハン　知りません
シイボ　しっぽ
ジェシトン　是非
ジェン　お金
シオガッ　みそぎ

シオガレ　ひき潮
シオケ　おかず
シオケ　茶菓子
シオゲ　塩を入れておくザル
シオダテ　みちしお　満潮
シオタルイ　悲しみにしずむ
シオタルイ　うらぶれた姿
シオッ　仕置き
シオトシ　もみ落し
シオドッ　潮どき
シオハイ　塩からい
シカッ　しっかり
シカッダケ　四方竹
シカッナカ　からだの具合が悪い
シカッネ　しゃっきりしない
シカッガネ　仕方がない
シカッガネ　資格がない
シガナッ　出来る
シカブッ　小便をもらす

シキ　敷居
シキッ　敢えて行なう
シクヮツラ　醜面
シケイッ　しに行く
シケウツシ　敷き写し
シケグッ　顎が出ている
シケツ　湿地
シケッ　湿って
シケヲスイ　用意をする
シコ　分量
シコ　用意をする
シコッ　繁る
シゴッギ　労働服
シコナ　用意するな
ジコムン　利口者
シザッ　方法
ジジラ　小言
ジジラヲホッ　小言をいう
シジンコ　水神講

シジンサア　水神様
シズッ　しずく
シズン　沈む
ジゼカッ　自在鉤
シソコネ　やり損ない
ジダ　地面
シタガ　白髪
シタクモ　白癬
シタゲ　白髪
シタゴ　従う
シタシカ　親しい
シダス　めかしこむ
シタメ　シラミ
シタモン　腰巻　下着
シタヤ　したなら
シタン　知らない
シテン　しても
ジッ　上手
シッカッ　しぶ柿

シッガサ　できもの　湿疹
シッカブッ　小便を漏らす
シッキ　しっくい
シッキャン　敷網
シック　しっくい
ジックイ　背の低い
シッグシ　すき櫛
シックデ　くどい
シッケ　躾
シッサァロ　掛け声
シッジッ　好きずき
シッタィ　すっかり
シッタカブィ　知った振り
シッタビラ　お尻
シッチョ　知っている
シッチョイマネ　知っているふり
シッチョンド　知っていますよ
シヅッ　雫
ジッドレタ　疲れた

シッノイオ　シビ（魚）
ジッノカタッ　目の敵
ジッパ　立派　上等
シナビッ　しなびれる
ジナンケ　分家
シネ　竹刀
シノッ　シイの木
シバガッ　生け垣
シハジタ　しそこなった
シバヤ　芝居
シハル　支払う
シハレ　支払い
ジバン　仕事着
シビ　しぶい
シビン　小便
シビンヒッカブィ　小便たれ
シブカ　しぶい
シブチンゴロ　けちんぼ
シベン　小便

シベンヒッカブィ	小便たれ
シマイ	炊事
シマッ	始末
シミッ	清水
シムン	吸い物
シメ	段取り
シメガヨカ	段取りが良い
シメッ	湿る
シメカザィ	しめなわ
シメガワリ	段取りが悪い
シメシ	おしめ
シメムン	煮しめ
シモ	済ます
シモガネ	霜氷
ジモシ	十文字
ジモシンカド	交叉点
シモス	します
シモソ	しましょう
シモタ	失敗した

シモバシタ	霜柱
シモバレ	しもやけ
シモン	吸い物
シモンデ	しますから
シモンソ	しましょう
シャイガモイガ	しゃにむに
シャイモ	どうしても
ジャガタ	じゃがいも
シャカン	左官
シャガン	しゃがむ
シャッ	尺
ジャッ	そうだ
ジャッカ	そうか？
シャクイ	しゃくる
シヤッタモ	して下さい
シャゴン	しゃがむ
シヤッタモンセ	してください
ジャッド	そうだ
ジャッドン	しかし、そうは言っても

ジャネ	そうじゃない
シヤハンカ	しませんか　しなさいよ
ジャヒドン	けれども
シャベクイ	お喋り
ジャメナッ	邪魔になる
ジャン	二　ふたつ
ジャン	小うなぎ
シヤン	しなさい
ジャンサ	そうですよ
シヤンセ	しなさい
シャンセン	三味線
ジャンソ	そうでしょう
ジャンボ	二本の棒
ジャンボモッ	団子の一種（鹿児島名物）
ジュ	十
ジュ	漁
シュイ	汁
シュイ	修理
ジュイ	料理

鹿児島県なんでも日本一

大口市奥十曽の桜

桜といえば日本の代名詞ともいえるほど、日本人には、春の訪れとともに、心を癒してくれる花ですが、大口市奥十曽のエドヒガンザクラは高さ28ｍ、幹周り21ｍという、日本一の桜の木です。

ジュゴヤサア　満月
ジュキュ　沖縄
ジュシ　雑炊
シュダ　不思議な
シュッ　小路
シュヅッ　しずく
ジュモネ　ふとどきな　情けない
シュン　染み
シュン　しみる
ジュンササア　警官
ショイ　醤油
ジョイ　草履
ショーツ　焼酎
ショガ　ショウガ
ショガウタン　分別がつかない
ジョカギュコ　鍵をかける
ジョガネ　根性がない
ショガッ　正月
ショガッデ　年始回り

ショケ　ザル
ジョゴ　漏斗
ジョゴ　大酒のみ
ショシ　障子
ショジッ　正直
ショジッナヤッ　正直な人
ジョジョ　ドジョウ（魚）
ジョジョナ　余程
ジョジョンナコ　沢山
ショチュノンゴロ　大酒のみ
ジョッ　丈夫
ショッギレ　空腹な様子
ショッショ　食あたり
ショッセナ　ひょうきんな
ショテ　世帯
ショテドッ　世帯道具
ショドッ　道具
ショネ　根性
シラン　虱

シレ　白い
シレタコ　当然なこと
シレタムン　たいした価値のない物
シレッ　知らない振り
シレッシチョッ　知らない振りをしている
シロ　シュロの木
シロチン　平鯛
ジワイジワイ　そろそろと動くさま
ジンキ　やきもち
シンキガニユッ　心配でいらいらする
シンギッ　春菊
シンケイ　狂人
シンサン　知りません
シンジ　親戚
ジンジ　余分に
ジンジン　だんだん
シンドカ　つらい
シンダモン　死人
シンハン　知りません

（ス）

ス　小さな穴
スアイ　座る
スアイ　蟻
スアブッ　しゃぶる
スイ　煤
スイ　すっぱい
スイ　汁
スイキッ　すり切る
スイコッ　すりこぎ
スイデコン　卸大根
スイバッ　すり鉢
スィメ　するめ
スィメ　しないだろう
スィモン　汁もの
ズーズー　どんどん　さっさと
スエン　煤煙　すす
スカ　西瓜

スカン　好かん　好きじゃない
スギッ　過ぐ
スゲ　凄い
スゲコッ　凄いこと
スケグッ　うけ口
スケモン　敷くもの
スゴッアッ　したいな
スザン　流産
ズシ　ぞうすい　おじや
スズイシ　硯　すずり
ススクッ　すすける
ススケカカァ　すすけた妻
スズシカ　涼しい
ススッ　スズキ（魚）
スズムシグサ　ツユクサ
スズメゲ　シジミ貝
スズン　涼む
スダ　無駄　空仕事
スタッ　すっかり

スダワロ　横着な野郎
スダジャッタ　なにもならなかった
スダッキョ　酢らっきょう
スッ　する
スッ　好き
スッ　杉
スッ　鋤
スッ　すき間
スッ　油断
スッ　筋
スッカ　するか
スッカ？　好きか？
スッカスッカ　中が空なさま
スッサクッ　叩く
ズッサラシ　だらしない
スッズッ　好きずき
スッタイ　とても　ひどく
ズッデコ　おでこ　額のでた
スットッ　飛ぶ　とぶように

スッナカ　少ない
ズッナカ　やかましい
ズッネ　ずるい
スッネ　少ない
スッネ?　しますか?
スッノッ　杉の木
スッパイ　すべて　全部
スッパカ　酸っぱい
スッパイ　さっぱり　さばさば
スッパイゴッソイ　全部ごっそり
スッペ　酸っぱい
スッペ　全部
スッヤ　するか?　しますか?
スドオイ　素通り
ズナ　砂
スナッ　砂地
ズナメ　メダカ（魚）
スヌッペ　音のしない屁
スノッ　杉の木

鹿児島県なんでも日本一

ガジュマルの木

奄美大島の和泊町に生息するガジュマルの木は高さ7m、枝張り22m、幹周り6・33mの日本一です。

スバ　唇
ズバッ　沢山
スビク　歯痛（酸性のもので痛む場合）
スベイ　辷る
スボ　這う
スンクジラ　隅
ズメイ　滑る
スメカス　しぼりかす
スモ　相撲
スモッ　煙る
スモッ　食べものなどを確保すること
ズモイ　どもる人
ズモッ　どもる
スモトイドン　力士
スモン　吸い物　汁もの
スヨ　長男
ズリ　ずるい
スルイスルイ　すべすべ
ズルイズルイ　ずるずる

ズルッ　全部
ズルンズルン　ずるずる
スワイ　蟻
スワッ　座る
スワブル　吸う
スン　墨
スン　炭
スン　隅
スン　済む
スン　潜水
ズンダレ　だらしない
ズンダハッ　だらしない奴
スンツボ　墨壷
スンナィ　すんなり
スンナ　するな
スンナ?　好きですか?
ズンバイ　沢山
ズンベッタ　落ちた　滑った
スンメ　しないでおこう

（セ）

セ　暗礁
セ　息
セアシ　忙しい
セアシナカ　忙しくない
セイ　セリ
セオッ　背負う
セガキルイ　息切れ
セカラシ　うるさい　やかましい
セガラシ　うるさい　やかましい
セギレ　息切れ
セクッ　こわい　すくむ
セケタ　こわかった
セケル　赤面する
セケンバラガキワィ　公憤する
セゴドン　西郷隆盛
セジル　煮つめる　煮出す　煎じる
セシカラ　煮出したカス

セシコ　忙しい　急ぐ
セジッ　煎じる
セシツムイ　せんじつめる
セズイカッ　手淫
セソク　催促
セタ　咲いた
セチ　一昨々日
セッ　混雑する
セッ　ふさぐ　通行止めにする
セッ　内臓が痛む
セッ　競る
セッ　咳
セッ　節句
セッ　蝉
セッ　席
セッカ　せっかく
セッカカッ　もたれる　よりかかる
セッガワイ　節分
セッガワイ　季節変わり

セッガワイ　席替わり
セッキョ　こみ合う
セヅク　催促
セッコン　割り込む　押しわけ
セッコンハッコン　もみ合う
セッツッ　いそがせる
セットィ　関取
セッナカ　悲しい　切ない
セッペ　精一杯
セッペキバレ　精一杯頑張れ
セーノガサン　一二三（発する声）
セバシッロナカ　狭くるしい
セベ　狭い
セボ　御歳暮
セメ　狭い
セロ　せいろう　蒸篭
ゼロモッ　ぜんそくもち
セワシ　忙しい
セワシネ　うるさい

セワヲヤッ　心配する
セン　蝉
ゼン　銭
センカイ　しなさい
ゼンカィ　銭借り
センガセン　きっと　必ず
ゼンカネ　金銭
センコッ　へんくつ者
センシ　泉水
ゼンゼン　銭　通貨
ゼントイ　銭取り　仕事
センビ　せんべい
センビッ　線引き　区別
センフイ　せんぶり
センペ　男色者
センポ　ものが不足して苦労すること
センメ　しないでおこう
ゼンメ　縞鯵（魚）
ゼンモッ　金持ち

（ソ）

ソ　糸
ソ　便り
ソ　しよう
ソイ　そう
ソイ　かみそり
ソイ　ほれ
ソイ　木ゾリ（材木を運ぶ）
ソィ　醤油
ソィ　それ　そいつ
ゾィ　草履
ソイカラ　それから
ソイギィ　それまで
ソイクィカエッ　そりかえる　いばってる
ソイズィ　それまで
ソイヂャ　そうだ
ソイヂャットニ　それなのに
ソイデ　それで

ソイドン　それでも
ソイナラ　それなら
ソイナラ　さよなら
ソイバッカイ　そればかり
ソウヤ　そうか
ソエモン　副食物
ソガラシ　沢山
ソガラシシコ　沢山の量
ソガラシコツユ　大袈裟なことをいう
ソケ　そこ　そこに
ソケ　ザル
ソゲ　とげ
ソゲン　そんな
ソコアタイ　そこら辺
ソコンモト　そのへん
ゾサッ　造作
ソシコ　それだけ　それほど
ソシコンコッ　それだけの事
ソツ　焼酎

ゾッサラシ	だらしない
ソッチセェ	そちらへ
ソッセナ	とっぴな　変な
ゾップイ	びっしょり
ソテ	外へ
ソド	騒動
ソドスンナ	騒動をしなさんな
ソトン	外の
ソネッ	そねかえる
ソネクッ	そねかえる
ソネバッ	そねかえる
ソノッサァ	その人
ソノム	ねたむ
ソバキィ	ソバをねる
ソビッ	引っぱる
ソマ	ソバ
ソマィ	染まる　そまる
ソマゲ	そばがゆ
ソムッ	染める

鹿児島県なんでも日本一

お茶の木

お茶の生産は日本で二番目に甘んじておりますが、牧園町に生い茂っているお茶の木は樹高7ｍ、枝張り13ｍで日本一です。

ソメモン　染め物
ソメン　素麺
ソーヤ　そうか
ソヤ　それは
ソュ　それを
ソラ　たわし　ささら
ソライッ　空模様
ソロイソロイ　ゆっくり　徐々に
ソロィト　そろっと　静かに
ゾロッワタ　内臓
ソヨ　それを
ソン　その
ソンシ　その人　その人たち
ソンタ　それは
ソンテ　それに　そいつに
ソント　それを
ソンナラ　さようなら
ソンヤッ　そいつ
ソンワロ　その野郎

（タ）

ターチンコンメ　すぐに
タイ　足りる
タイ　樽
タイ　谷
ダイ　誰
ダィサァ　どなた様
タイナカ　不足　足らない
タイモソ　足るでしょう
タイモハン　足りません
ダイヤメ　晩酌
タカ　トビ（鳥）
タカ　バッタ
タカグラ　竹の屋根
タカシトビッ　とのさまがえる
タカスッポ　長身　高い
タカナンツケムン　高菜の漬物
タカバッ　値を高く言う人

タカランバッチョ	かぶる笠（竹の皮製）
タギィ	沸騰する　煮える
タギッタ	わいた　煮えた
タケ	高い　高額だ
タケボッ	竹箒
タケンコ	たけのこ
ダコ	団子
タゴエタ	筋違いをした
タゴタ	違った
タコン	高所　高見
ダシ	牛車（祭礼のもの）
ダシグイマ	牛車（実用のもの）
ダジオ	ラジオ
タシナカ	惜しい
タシナカモンノ	貴重な品を
タシネ	不足
タスクイ	助ける
タスクッ	助ける
タスッ	たすき
タタジッ	さわる　機嫌をとる
タタン	たたむ
タタン	畳
タチンコメ	直ぐ　たちまち
タツン	たたむ
タッ	滝
タッ	立つ
タッ	龍
タッ	足袋
タッ	性質
タッ	足りる
ダッ	煮る　もやす
ダッ	楽
ダッ	友達甲斐
ダッ	抱く
ダッ	らち（があく）
タッカ	足りるか
タッカ	高い
ダッキショ	落花生　ピーナッツ

ダッキョ　らっきょう
ダッキョヅラ　あつかましい　厚顔な人
タックワ　さえずり声
タックワ　無駄口・お喋り
タッグン　薪
タッグンヒロ　薪拾い
タッシコ　足りるだけ
タッシッ　足りる
タッチキ　直ぐ
ダッナ　楽な
タッニン　旅人
タッネ？　足りるね？
タッノキ　タブの木
タッノキ　にわとこ
ダッマエッ　川えび
タッマッ　竜巻
タッムン　薪木
ダッモネ　埒のあかない。くだらない。
タツン　たたむ

ダテドン　めかし屋　おしゃれ男
タヌッ　たぬき
タネカッ　菜種
タネツケンマ　種馬
タノッ　たぬき
タノシン　楽しみ
タノン　頼む
ダノウンマ　牝馬
タバカイ　いつわる
タビナ　タニシ
タマイ　溜る
ダマイ　黙る
ダマカス　だます
ダマッ　黙って
タマガッ　おどろく　びっくり
ダマカスッ　だます
タマガラスッ　びっくりさせる
ダマケッ　だまして
タマッ　長持ちする

タマシキッ	利発者　利口者
タマル	長持ちする
タミナ	タニシ
タメ	貯水設備
タメナィ	ためになる　役に立つ
タムッ	溜める
タモイモン	食べ物
タモイタモイ	食後早々
タモッ	いただく
タモッ	食べる
タモハンカ	くださいませんか
タモンセ	ください
タモンソ	たべましょう
ダライダライ	だらだら　のべつ
ダリ	だるい
ダルイ	くたびれる
タルチョイ	満足だ
ダルッ	疲れる
タレ	たらい

鹿児島県なんでも日本一

温泉浴場数日本一

鹿児島県は、どこを掘っても温泉が湧き出ると言われています。

そこで、温泉を利用した公衆浴場数が日本一とは、県民にとっては有難いことです。

ダレ　疲労
ダレタ　疲れた
ダレトクッ　疲れ過ぎる
ダレモシタ　疲れました
タン　谷
タンガァ　谷川
ダンガサ　こうもり傘
タンクヮ　でたらめ　タンカをきる
タンコ　桶屋
タンゴ　手桶
タンダレ　ただれ
ダンチケ　マッチ
ダンナサァ　旦那様
タンニャマ　谷山（地名）
タンネッ　たずねて
タンネチケタ　たずねあてた　訪ね着いた
ダンビ　肥えている人
タンヌッ　たずねる
ダンマエッ　テナガエビ

（チ）

チ　露
チ　樋
チ　と
ヂ　おじさん
ヂ　利子
チアメ　小雨
チィ　塵
チィガン　ちり紙
チイメン　縮緬
チィワイチィワイ　あわてるさま
チェスト　かけ声
チオツッ　落ちる
チカッ　つかる（水に）
チカカ　近い
チカミッ　近道
ヂキ　丁度
ヂキ　すぐに

ヂキュ　沖縄
チキイ　計量器
ヂク　利口
チクッ　乳首
ヂクッ　理屈
ヂクナヒト　器用な人
チケ　近い
チケウチ　近日中に
チゴ　少年
チゴ　違う
チゴサァ　坊ちゃん
チゴタ　違った
ヂゴッバナ　まんじゅしゃげ
チゴモス　ちがいます
ヂゴロ　土地の者
ヂサマ　お祖父さま
チスッ　血統
ヂゾサア　お地蔵さん
チタ　着いた

ヂダ　地面　土地
チチクサ　乳房炎
チチクサ　地縛
チチノンゴ　乳飲児
チヂン　縮む
チッカ　小さい
ヂックィ　背の低い人
チックセ　乳臭い
ヂックイノヨコバイ　背の低く肥った人
チッタ　少しは
ヂッタッ　地下足袋
チッチ　小鳥
チット　少し
チッノヨ　月夜
ヂッパ　立派
チデザコ　チヌ（黒鯛）の子
ヂドイ　鶏
チノヤンメ　婦人病
チノクスイ　婦人薬

ヂノモン	土地の者
チビンカ	小さい
チミタカ	冷たい
チメテ	冷たい
チャイゴ	顎
チャイッペ	茶一杯
チャエン	茶畑
チャクレ	お茶好き
チャジョカ	茶瓶
チャジョケ	茶菓子
チャタッ	茶托
ヂャッド	そうだ
ヂャッドン	しかし
チャツン	茶摘み
チャラガシタ	こんにちわ
チャンブッ	フグ（魚）
チュチュ	蝶
チュジュン	縮む
チュックエッ	毀れる

鹿児島県なんでも日本一

指宿の砂蒸し温泉

指宿は砂蒸し温泉で有名ですが、天然の砂蒸し温泉は指宿にしかありません。

チュノ　手斧（大工道具）
ヂュバッ　たくさん
チョ　おでき
チョ　腸
チョ　〜よ
チョカ　土瓶
チョク　さかずき
チョクッ　からかう
チョクラカスッ　からかいだます
チョコッチ　ちょっと
チョシ　調子
チョチン　提灯
チョッ　ちょこ
チョッカイト　ひょっこり　不意に
チョッキー　ちょうど
チョッシモタ　シマッタ！
チョッセンネ　予期しない
チョッチ　ちょっと
チョッペン　頂上

チョドントッ　ちょうどの時に
チョノゲ　手拭い
チョレッ　囚人
チョロイト　ちょっくら
チョロンチョロン　ちょろちょろと
チルイ　散れる
チレチョッ　散らかっている
チワロ　笑わせる
チンカ　小さい
チンケ　小さい
チングワラッ　目茶苦茶に
チンタカ　冷たい
チンダレタ　疲れた
チンチン　ぼつぼつ
チンチンボッボッ　さてぼつぼつ
チンテ　冷たい
チンヌッ　眠る
チンノイイオ　黒鯛
チンボチンボ　ゆるゆる　ちびりちびり

（ツ）

ツ	甲羅
ツ	できものの皮
ヅ	頭
ヅ	胴
ツア	つわぶき
ツイ	強い
ツイ	つり銭
ツイ	釣り
ヅイ	迄
ツイエ	釣り合い
ツイグッ	つなげる
ツイデコン	吊大根
ツイバッ	手水鉢
ツイヨ	釣り合う
ツイヨタ	釣り合った
ツエ	強い
ツエブッ	強がる
ツカアネ	差し支えない
ツカマユッ	捕まえる
ツガランネ	とんでもない
ツカン	掴む
ツガンネヒコ	沢山
ツカンサガッ	掴み下がる
ツガンネコッ	思いがけないこと
ツカンヨ	つかみ合う
ヅキ	木や竹の先端
ツクイ	漬ける
ツクイ	作り
ツクイ	いつわり
ツクイタテ	出来たて
ツクイタテゴッ	うそ
ツクッ	作る
ヅクシ	熟れた柿
ツクジッ	くすぐる
ツクジイタクッ	突つきまわす
ヅクヅクイッショ	ツクツクボウシ

ツクラ　ふところ
ツグラ　とぐろ
ツクロ　ふところ
ツグロ　薄黒
ツグロジン　打撲後の内出血の紫色
ツケ　使い
ツケ　差し支え
ツケアゲ　薩摩揚げ
ツケアゲ　頭の傷あとのハゲ
ツケアネ　差し支えない
ツゲザラ　燈明皿
ツケッ　マッチ
ツケムン　漬物
ツコ　使う
ツゴ　都合
ツシ　便通
ツシ　天井
ツシケザメ　続けざまに
ツシマキ　つむじ風

ヅス　留守
ヅスバン　留守番
ツズン　鼓
ツタ　言った
ツダ　飛んだ
ヅタンバラ　横腹
ツッ　土
ツッ　月
ツッ　突く
ツッ　着く
ツッ　次
ツッ　唾
ツッ　粒
ツッ　注ぐ
ツッ　接ぐ
ツッ　継ぐ
ヅツ　頭痛
ヅッ　額　おでこ
ヅッ　尖端

ヅッ　出る
ツッアカイ　月明かり
ツッアタイ　衝突
ツッカカイ　さわる　触る
ツッカベ　土壁
ツッカラツギ　次々に
ツッキャマ　築山
ツッキョ　つき合い
ツックヤス　壊れる
ツックユッ　崩れる
ツックワセ　突き合わせ
ツッグワッ　割る
ツッケ　交際
ツッドン　お月さま
ツッパシイ　破裂する
ツッパッ　意地を張る
ツッバレ　月払い
ツッポガス　貫通する
ツッポドクイ　ほどける　とける

ツッヨセ　土寄せ
ツツン　包み
ツツンゼン　包み金
ツト　ふくらはぎ
ツトメサッ　勤め先
ツトムッ　努める
ツナッ　つなぐ
ツナヒッ　綱引き
ツナン　津波
ヅニノボッ　のぼせる
ツバッ　唾液
ツバッ　椿
ヅバッ　沢山
ツブケ　汚水だめ
ツブッ　裾をまくり上げる
ヅベ　土手
ヅベヲクッ　潜水する
ツボン　蕾
ツボン　縮む

ツマイノハテ	結局
ツマシ	質素
ツマッ	詰まる
ツマヅッ	倒産する
ツマン	つねる
ツマンクジイ	ひどくつねる
ツムッ	紬
ツモッ	見積もる
ヅモッ	どもる
ヅッモネ	途方もない
ヅヤ	監獄
ツラ	顔面
ツラカ	辛い
ツラダマッ	面魂
ツラハッ	赤恥
ツランニッカ	面憎い
ツリ	井戸
ツルッ	剣
ヅルッ	全て

鹿児島県なんでも日本一

日本一早くできるコシヒカリ

南種子島で収穫できるコシヒカリは日本一早く収穫できます。

ツルッパゲ　禿げ頭
ツルンタラン　不足気味
ヅルンヅルン　ずるずる物が滑る
ツレ　辛い
ツレ　仲間
ツレッチク　連れて行こう
ツレンシ　仲間の人達
ツロ　燈篭
ツワ　ツワブキ
ツワイ　悪阻
ツワスルイ　忘れる
ツン　積む
ツン　刈る
ツン　罪
ツンオッ　折る
ツンキイグサ　マツバボタン
ツンクィカエッ　掘りかえす
ツンクイカヤス　いぢくりまわす
ツンゴッ　折る

ツンサッ　引き裂く
ヅンダレ　だらしのない
ツンツクイ　罪作り
ツンテ　冷たい
ツンネッタ　眠ってしまった
ツンヌカイ　泥まみれになる
ツンヌクイ　打ち抜く
ツンヌケタ　突き抜けた
ツンヌルイ　ぬれる
ツンノトイ　ツル　鶴
ツンノマゴ　六世孫
ツンノヨ　月の夜
ヅンバイ　沢山
ツンブシ　ひざ頭
ツンボルッ　折れる
ツンムクイ　皮などがむける
ツンムシッ　むしりとる
ツンモィ　もれる
ツンモユッ　燃える

（テ）

テ　鯛
テ　樋
デ　台
デ　代
デ　使い出
デ　題
デ　から
デア　～よ
テアッ　手足
デアッ　出足
テアタイシデ　手当たり次第
テアチ　手厚い
テアレ　手荒い
デアルッ　出歩く
テアン　手編み
テイ　照る
デイ　出る

テイツクッ　照りつける
テカガン　手鏡
デカクッ　出掛ける
テガッ　手描き
テガネ　方法がない
テガマシ　こうるさい
デカン　奉公人
テキヤッ　適役
デク　大工
デクイ　出来る
デクイバシ　出来るのを鼻にかける
テグイマ　大八車
テグン　一緒に行動する
テゲ　たいがい
デケソコネ　出来そこない
デケソコノ　出来損なう
テゲテゲ　いい加減
デケタ　出来た
デケタ　ほれ合う

テゲナコッ　いい加減なこと
テコ　太鼓
テゴ　篭　手かご
テコサンセン　太鼓と三味線
デコッサア　大黒様
デコン　大根
デコンバッチ　股引
テシケオワン　手におえない
デシナ　大事な
テシュ　亭主
テシュモッ　亭主持ち
テスケクヮン　始末におえない
テセ　疲れる
テセッ　大切
デセン　来年
テソカ　だるい
テソナ　大層な
テタ　煮た　炊いた
テチッ　燃えつく

鹿児島県なんでも日本一

日石喜入基地

鹿児島市の隣町、喜入町にある日石の石油備蓄基地は世界最大の貯油量です。

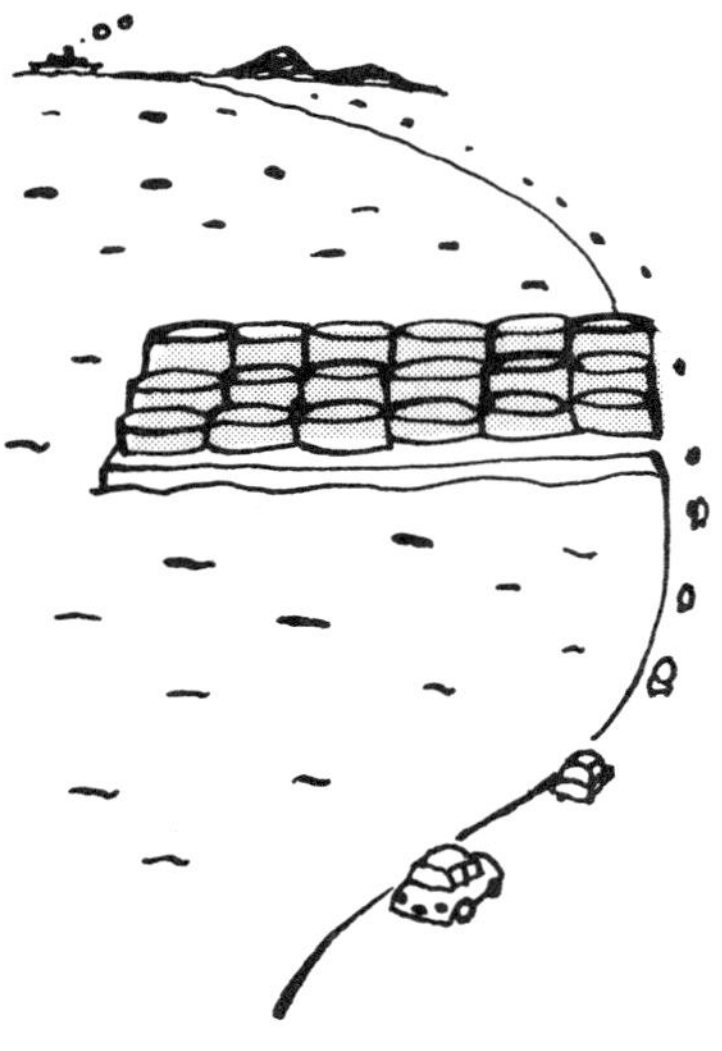

テチョ	父親
テチョドイ	牡鶏
テッ	敵
テッ	照る
テッ	鉄
デッ	大工
デッ	大豆
デッ	出る
テッケ	焚き付け
テッド	鉄道
デッドン	大工
デッナコッ	大変なことだ
テップ	鉄砲
テップソデ	筒袖
テッボ	鉄棒
テッポウッドン	猟師
テッポンタマ	鉄砲の弾
デッマメ	大豆
テテ	手
テデ	手代
デデ	橙
テデビ	テレビ
デナ	大変な
テナン	手並
テナレ	手習い
テヌッ	連れだって
テヌッ	手抜き
テネゲ	手拭い
デネン	来年
テノン	連れ立って
デバィ	遊びに行くこと
テバシケ	手早い
テフッ	手拭い
テマネッ	手招き
テマィ	手マリ
デヨタ	発病した
テンガラモン	お利口さん
テンテン	おりこうさん（幼児語）

（ト）

ト　塔
ト　十
ト　問う
ト　疑問の最後に用いる
ド　堂
トアカ　遠い
トアカネ　遠いですね
トイ　取る
トイ　鳥
ドイ　どれ
トイアゲ　収穫
トイアッケ　取り扱い
トイカゴ　鳥かご
トイカユッ　取り替える
トイキッ　思い切る
トイクッ　取り口
トイクロ　食う

トイクン　取り組む
トイケ　取りに
トイコン　取り込む
トイサグッ　取り下げる
トイシマッ　取り締まる
トイタツッ　取り立てる
トイチラクィ　取り散らかす
トイッ　吐息
トイドコイ　とりえ
トイトムッ　取り留む
トイノバン　大晦日
トイヒッ　取引
トイホデ　とり放題
トイモガラ　蓮芋
トイヤッム　かたづける
トイヤムッ　とりやめる
トエ　遠い
トオカ　遠い
トオン　遠方

トカ　～のか
トカギイ　トカゲ
トガッ　尖って
ドカッ　同格
ドガン　どう
トキッ　とうきび
トキナラン　思いがけない
トギルッ　とぎれる
トクイ　倒れる
トクッ　溶ける
トゲ　峠
ドケ　どこに
ドゲン　どう
ドゲン　足のかかと
ドゲンシザッモネ　どうしようもない
ドゲンスットナ　どうするの
ドゲンモ　どうにも
トコイ　所
トコサァ　床の間

ドコセェ　どこへ
ドコズイ　どこまで
ドサッ　どっさり
トサッバ　家畜を屠殺する所
ドシ　友達
トジ　湯治
トジィ　綴じる
トシオィ　年寄り
ドシコ　いくら
ドシコデン　いくらでも
トジッ　とどく
トシツッ　年月
ドシテン　どうしても
ドシテンコシテン　是が非でも
ドシナムン　年寄り
トシネ　年齢
トシノバン　大晦日
トシマラン　あてにならない
ドシメッ　どんちゃん騒ぎ

ドジャ　どうにも
ドジャイコジャイ　どうもこうも
トジュ　母屋
ドジョ　ドジョウ
トゼンネカ　淋しい
トゼンネカボ　さびしがり屋
ドソッ　ろうそく
トジッ　届く
ドジャナラン　どうしようもない
トッ　取る
トッ　飛ぶ
トッ　研ぐ
トッ　時
トッ　とんび
トッ　とうじ
トッ　溶く
トッ　解く
ドッ　道具
ドッ　毒

ドッ　どく
トッイオ　とび魚
トッオジイ　飛びおりる
ドッガ　毒蛾
ドッガッ　六月
ドッガッ　独学
トッカヤス　投げとばす
トッギ　特技
トッキッタ　賢い
トックイ　首
トックィ　徳利
トックッ　飛び込む
トックッ　フクロウ
トックラ　戸袋
トックラゴ　跳躍競争
トッケ　取ってこい
トッケンネ　途方もない
トッコ　拳骨
トッコ　フクロウ

ドッコイ　同数
トッコジイ　飛びおりる
トッコン　飛びこむ
ドッサイ　沢山
ドッサドッサ　どしどし
トッシャゲッ　来年
トッシャゴ　ホウセンカ
ドッシン　独身
ドッショ　読書
ドッタイドッタイ　どさどさ
ドッチンカッチン　両方とも
トヅッ　届く
ドッナ　ろくな
トッノクッ　取り除く
トッパッ　アケビ
トッビォ　とび魚
トッピャガッ　飛び上がる
トッビャグルッ　うろたえる
ドップンドップン　水が満ちたさま

鹿児島県なんでも日本一

金産出日本一

菱刈町は金鉱山で有名ですが、産出量は日本一で、品位は世界最高といわれています。

トッマッ　勤まる
ドテ　だろう
トテン　とても
トト　父
トドッ　届く
トドンツマイ　結局のところ
トナユッ　唱える
トナィ　隣
トニ　～のに
トノサァ　殿様
トノジョ　主人
ドノッサア　どなた
トバッ　賭博
トバカス　飛ばす
トビドッ　飛び道具
トヒナモン　老人
トブッロ　戸袋
トベラ　どくだみ
トボシ　乏しい

トボッ　点す
トホンネ　途方もない
トムレ　弔い
ドモ　もうろく
ドモイ　吃り
トモビッ　友引
ドモコモナラン　どうにもこうにもならない
トヤカッ　とやかく
ドヤサルッ　おどかされる
ドユ　土用
ドユウシ　土用丑の日
トユ・コ　鳥を飼う
トユ・オヤス　鳥を飼う
ドユナン　土用波
ドヨ　どれを
ドラ　発する声
トランコ　虎の子
ドロ　貨幣
トロイトロイ　うろつくさま

ドロベッタイ	ぬかるみ
トワカ	遠い
トン	唐箕
トン	飛ぶ
ドン	どの?
ドン	殿
ドン	けれども
トンガッ	尖る
ドンガラ	だけど
トンガラカス	尖がらす
トンキュ	ヤリイカ
ドンケッ	びりっけつ
ドンコビッ	蛙
トントン	同じ
ドンナラン	どうにもならない
トンジャキャナカ	頓着ならない
ドンバラ	太鼓腹
トンビンブクロ	爆竹
ドンワロ	どの野郎

（ナ）

ナ	の
ナア	縄
ナァ	問い返す言葉
ナアヲネッ	縄をなう
ナィ	なに?
ナイガァ	まさか
ナイガナシ	とにかく
ナイガモー	まさか
ナイゴテ	何故
ナイゴッ?	なにごと?
ナイシケ	何しに
ナイショット	何をしているの
ナイドコイジャナカ	忙しいさま
ナイナ	何
ナイフッ	なり振り
ナイモ	なにも
ナイモカイモ	なにもかも

ナイモケン　一切
ナエ　地震
ナエ　中風
ナオイ　移る
ナオス　しまう
ナカ　無い
ナカエ　下座敷
ナカゲ　仲買
ナガグッ　長靴
ナカゴッナッタ　紛失した
ナガシ　梅雨
ナガシノイー　入梅
ナガシバナ　紫陽花
ナカスッ　泣かす
ナカダッ　仲人
ナカダッヲスッ　仲人をする
ナカツッ　中次ぎ
ナガッノビョ　結核
ナカナオィ　仲直り

ナガブイ　久しぶり
ナカモンナナカ　ないものはない
ナカヨクイ　中休み
ナガラメ　とこぶし
ナキムッ　泣き虫
ナグッ　投げる
ナグンナ　投げるな
ナケ　中へ
ナゲ　長い
ナケベシ　いもり
ナケベシ　泣き虫
ナケベッショ　泣き虫
ナゲッ　嘆く
ナゴィ　名残
ナゴシサア　夏越祭
ナゴナッ　寝そべる
ナゴブイ　久しぶり
ナゴン　なごむ
ナサケネ　情けない

ナサケンナカ　情けない
ナシケ　何故
ナシタイ　～したり
ナジン　馴染む
ナスッ　ぬりつける
ナスッ　茄子
ナスィツクッ　なすりつける
ナッ　出来る
ナッ　成る
ナッ　泣く
ナッ　鳴く
ナッ　夏
ナッ　凪（ナギ）
ナッオラッ　泣き叫ぶ
ナッカシ　懐かしい
ナッカブイ　泣き出しそうになる
ナッケユエ　名付け祝い
ナッサムッ　慰める
ナッサン　なぐさみ

ナッチョイ　なっている
ナツッ　なつく
ナッデデ　ナツミカン
ナッナタ　薙刀
ナッバショ　夏場所
ナッベショ　泣き虫
ナッモナラン　手が尽くせない
ナッワレ　泣き笑い
ナナッ　七
ナナトコズシ　七種粥
ナバ　キノコ
ナベスケ　鍋敷
ナマイ　鉛
ナマイ　訛り
ナマクセ　生臭い
ナマシレン　いい加減な
ナマスカン　生意気な
ナマヌッカ　なま暖かい
ナマヌルカ　なまぬるい

ナマヌリ　動作が鈍い
ナムッ　なめる
ナメズイ　なめる
ナメクッ　なめくじ
ナヤン　悩む
ナユッ　移す
ナユショット　何をしているの
ナラシ　練習
ナラシ　かけ竿
ナラッ　並ぶ
ナラン　平均
ナル　習う
ナルッ　馴れる
ナレ　慣習
ナレバ　できれば
ナワトッ　縄跳び
ナワバィ　縄張り
ナン　波
ナンカ　長い

ナンカカッ　もたれかかる
ナンカンセック　七草節句
ナンギサアナ　難儀な
ナンゲ　アサリ（貝）
ナンコ　箸戦
ナンゴッ　何事
ナンゴッ　南国
ナンコン　投げ込む
ナンダ　涙
ナンチ？　なに？
ナンチテン　なんと言っても
ナンチワナラン　非常に良い
ナンジャロカイ？　なんだろう？
ナンデン　なんでも
ナンド　押し入れ
ナントンシレン　つまらない
ナンノハナ　海綿
ナンブ　いくら
ナンマンサア　仏様

（ニ）

ニ　ね
ニアッ　似合って
ニイ　似る
ニイ　煮る
ニエ　匂い
ニエッ　煮える
ニオ　臭う
ニオ　似合う
ニカ　新しい
ニカイショ　新しい洋服
ニガゴイ　ツルレイシ
ニキ　憎い
ニキ　に
ニギィ　握る
ニギィ　けちんぼ
ニギィコブッ　にぎりこぶし
ニギイゴロ　けちんぼ

ニギイメシ　握飯
ニギラスッ　握らせる
ニグイマ　荷車
ニグイマ　逃げる時間
ニグッ　逃げる
ニクン　憎む
ニクン　煮込む
ニクン　ニキビ
ニケ　新しい
ニケ　二階
ニゲ　にがい
ニゴイ　残飯
ニゴイ　濁り
ニゴメ　新米
ニシ　虹
ニシ　人数
ニジン　人参
ニセ　若者
ニセブイ　男ぶり

ニソッ　にたり笑うこと
ニチョッ　似ている
ニッ　肉
ニッ　煮る
ニッ　虹
ニッ　似る
ニッカ　憎い
ニッカ　煮るか
ニッギャカ　賑やか
ニッノカゼ　西風
ニャ　ねば
ニユッ　煮える
ニュッカ　暑い
ニヨ　似合う
ニヨチョイ　お似あいです
ニラン　似ていない
ニワトイ　鶏
ニンサン　似ていない
ニンメ　二枚

（ヌ）

ヌ　縫う
ヌ　脳
ヌ　を
ヌイ　アリマキ
ヌイエ　ぬり絵
ヌィグスィ　ぬり薬
ヌィグルン　ぬいぐるみ
ヌイタクッ　ぬりつける
ヌィバィ　縫い針
ヌイモン　漆器
ヌカッ　泥濘
ヌキ　暖かい
ヌグ　拭う
ヌクッ　突き刺す
ヌクムイ　温ためる
ヌクムッ　暖める
ヌクメムン　温めた物

ヌクモィ	暖かさ
ヌケタン	小馬鹿者
ヌコン	縫いこむ
ヌシサア	あなた
ヌスンギッ	盗み聞き
ヌッ	抜く
ヌッ	脱ぐ
ヌッ	主
ヌッ	塗る
ヌッカ	暖かい
ヌッムイ	温ためる
ヌッモィ	ぬくもり
ヌナッ	消える
ヌハイ	縫い針
ヌヒト	盗人
ヌモン	縫い物
ヌリ	ぬるい
ヌリ	のろい
ヌルッ	濡れる

鹿児島県なんでも日本一

コアラの頭数日本一

コアラがオーストラリアから、日本に送られてきてから年がたちますが、平川動物公園で飼育されているコアラは、日本で一番の頭数となりました。

#（ネ）

ネ　無い
ネ　念を押す意味
ネイ　練る
ネイ　寝る
ネイガ　寝るよ
ネイッ　寝息
ネウッ　値打ち
ネオッ　寝起き
ネオッタ　病気になった
ネガエッ　寝返る
ネキ　側
ネギッ　にらみつける
ネグクイヤイ　ネギを下さい
ネゲゴッ　願い
ネコゲ　うぶ毛
ネゴ　願う
ネコグイマ　一輪車
ネゴッ　ないように
ネゴッ　寝言
ネゴッナッ　失う
ネゴッナッタ　失った
ネコロッ　寝転ぶ
ネコン　寝込む
ネシュ　根性
ネズン　ねずみ
ネソビルッ　寝そびれる
ネタマガイ　幼児が急に目を覚ます
ネタン　ねたむ
ネッ　熱
ネッ　ねぎ
ネッ　寝る
ネッ　練る
ネッガ　寝よう
ネッカイ　すっかり
ネッカラ　全部
ネット　おでき

ネバイ　粘る
ネバィ　根もと
ネバッ　粘る
ネビ　眠い
ネビイ　のびる
ネビクスイ　値引きをする
ネブイ　睡気
ネブイガツッ　眠くなる
ネブナカ　眠くない
ネブル　なめる
ネマッ　寝巻き
ネマッ　食物が腐る
ネムイコケッ　眠りこける
ネモチ　根元に
ネラム　睨む
ネレ　狙い
ネンガイッ　時間がかかる
ネンキ　法事
ネンツ　年頭

（ノ）

ノ　脳
ノ　を
ノイ　載る
ノイ　乗る
ノイ　糊
ノイ　海苔
ノイエ　乗り合う
ノイガ　乗ろうや
ノイカタ　乗る方法
ノイッゴ　草苺
ノイニゲ　乗り逃げ
ノウサッゴロ　野うさぎ
ノエン　農園
ノギッ　野菊
ノクッ　のける
ノケッアッ　残してある
ノケムン　除け者

ノコッ	残る
ノコギィ	のこぎり
ノサッ	恵まれる
ノサッタ	運がきた
ノサン	たまらない
ノシ	あんた
ノスッ	乗せる
ノスッ	載せる
ノセッ	乗せて
ノッ	乗る
ノッ	樹木
ノットィ	乗っ取り
ノッカッ	のっかる
ノッバンサッ	軒先
ノドクッ	喉頸
ノノ	布
ノノサア	神仏をさす幼児語
ノビッ	伸びる
ノヒンネナル	無くなる

鹿児島県なんでも日本一

桜島大根

桜島といえば桜島大根を誰しも想像いたします。大きさではもちろん日本一です。

ノボイ	幟
ノボイ	登る
ノボイコ	鰻の幼魚（白州鰻）
ノボイザカ	上ぼり坂
ノボスッ	血が頭へ上がる
ノボッ	登る
ノロ	泥
ノン	のみ（大工道具）
ノン	飲む
ノン	蚤
ノンカタ	宴会
ノンカタガスギッ	飲み過ぎ
ノンゴロ	大酒飲み
ノンコン	飲み込む
ノンダクレ	酔っぱらい
ノンビャガイ	つま立ちする
ノンビヤガッ	のびあがり
ノンボイ	上り
ノンボイクンダイ	上がり下がり

（ハ）

バ	を
ハアッ	掃く
ハアッダメ	塵溜め
ハイ	原
ハイ	高原
ハイ	針
ハイ	春
ハイ	張る
ハイ	蠅
ハイガネ	針金
ハイカラオトコ	色男
ハイゴロ	鮠
ハイト	たびたび
ハイノカゼ	南風
ハエ	早い
ハエカンガ	早いですね
ハエタ	掃いた

ハエンカゼ	南風
ハオイ	羽織
ハオッ	羽織る
ハカイ	計量器
ハガイ	くやしい
バカイキ	力一杯
バカウ	奪い合う
ハガオ	折り合いが良い
ハガオワン	折り合いが悪い
ハカコシタエ	墓掃除
バカサッ	鷲
バカショジッ	バカ正直
バカスッタレ	馬鹿
ハカッ	計る
ハカッ	測る
ハカッ	謀る
ハカメィ	墓参り
ハギ	会食
ハキモン	履物
ハクイ	美しい
バクッ	賭博
バクッ	化ける
バクッゴロ	ギャンブル好き
バケスッ	馬鹿にする
ハゲビンタ	はげ頭
バケムン	おばけ
バコ	奪い合う
ハコッ	運ぶ
ハサン	はさみ
ハサン	はさむ
ハシイ	流し台
ハシイ	走る
ハシイグラゴ	かけっこ
ハシタ	柱
ハシッ	走る
ハシッ	破れる
ハシッ	割れる
ハシッ	爆発する

ハシト　しっかり
ハシノコ　はしご
ハシマケ　ハゼの木
ハシマッ　鉢巻
ハシメッ　初めて
ハジュカッ　恥をかく
バションミ　バナナ
ハスダ　はさんだ
ハスン　はさむ
ハズン　にぎやか
ハセグイマ　五月節句に出す宝船の車
ハタオイ　機織
ハダカゲタ　ふつうの下駄
ハタガッ　塞がる
ハダグイ　間食
ハタグッ　ひろげる
バタグル　苦しみもがく
バタグロッサルッ　歩き回る
ハタッ　塵はたき

ハタッ　急に
バタバタスッ　忙しくするさま
ハダモッ　気候
ハタラッテ　働き者
ハタレッ　つとめて
ハダンキョ　鹿児島原産の大型スモモ
ハチラッ　乞食
ハツ　会食
ハッ　張る
ハッ　吐く
ハッ　剥ぐ
ハッ　掃く
ハッ　履く
ハッ　鉢
ハッ　八
ハッ　恥
ハッ　萩
バッ　罰
ハッ　蜂

ハッカクッ　吐きかける
バッカイ　ばかり
ハッカシ　恥ずかしい
バッカブィ　罰当たり
ハックラン　行ってしまう
ハックロダ　行ってしまった
ハッゲタ　橋桁
バッタイ　ばったり
ハッタイナラン　どう仕様もない
バッタイバッタイ　うろたえるさま
ハッダメ　掃き溜め
バッチ　ももひき
バッチェン　しかし
ハッチク　行ってしまう
ハッヂタ　行ってしまった
ハッチョマタガイ　股をぶざまに開いている様子
ハッチラッ　乞食
バッチン　ぞうりがに
ハッヅイ　出てしまう

ハッヅッ　はみ出す
バッテ　だが
ハッデイ　出てしまう
ハッテタ　行ってしまった
ハッドセン　ぽんぽん船
バッバッゲ　まつ毛
バッバン　祖母
ハッビナジョ　初雛
ハッボン　初盆
ハッマッ　鉢巻き
ハデトイ　人気取り
ハト　口笛
ハナ　端
ハナ　鼻汁
ハナカンメ　ミソサザイ（鳥）
ハナグイ　牛の鼻綱
ハナシ　メジロ（鳥）
ハナスッ　鼻筋
ハナズンダレ　鼻たれ

ハナッ　花火
ハナフブッ　花吹雪
ハナベックヮイ　低い鼻
ハナヨメジュ　花嫁御
ハナルッ　離れる
ハナヲトッ　鼻をかむ
ハナヲヌグ　鼻をかむ
ハナン　花見
ハネツッ　羽根つき
ババ　大通り
ババ　祖母
バブタ　トンボ
ハホ　母
ハボネヲカン　歯骨を噛む
ハマグイ　ハマグリ（貝）
ハマッ　やる気を出す
ハマテゴ　磯物いれの篭
ハマナゲ　英国のポロと似た競技
ハマランカ　本気でやらないか

ハムイ　嵌める
ハメツクイ　一生懸命やる
ハメッケ　精一杯
ハヤイ　流行
ハヤイメ　物貰い
ハヤカ　早い
ハヤマ　競馬
ハヨ　早く
ハヨゴワンナー　おはようございます
ハラ　とっさのときの言葉
ハラ　足の裏
バラ　大型のザル
ハラガキィワッ　腹が立つ
ハラガキイユッ　立腹する
ハラガキエッセエ　立腹して
ハラガキシワッ　立腹する
ハラカク　怒る
ハラカッ　怒る
ハラカッボ　短気者

ハラカッボニワトイ　卵を抱いた鶏
ハラガニエクイカアッ　激怒する
ハラガフツナッ　妊娠する
ハラガヘッ　腹がへる
ハラガマクジイ　腹痛する
ハラッキッシウッ　腹を立てる
ハラグレ　冗談
ハラグレヲスッ　冗談をする
ハラクダシ　疫痢
ハラケタマカシ　腹立ちまぎれに
ハラケッ　腹を立てて
ハラジロ　ブリ（魚）
ハラチゲ　異母兄弟姉妹
バラッダマ　散弾
ハラフトオナゴ　妊娠中の女性
ハラヲヒイ　うそをつく
ハル　払う
ハレッ　晴れ晴れ
ハレモン　腫れ物

ハワッ　掃く
ハン　君
バン　夜
ハンガオ　ですね
ハンガッ　半額
ハンギイ　食器
ハンコ　半分
バンコ　長椅子
バンサケ　夕方
バンジョガネ　大工用の曲尺ものさし
ハンヅ　かめ
バンツケ　夕方
ハンテ　反対
ハントカス　倒す
ハントクッ　転ぶ
ハントッ　半時
ハンドッ　戻る
ハンメ　家畜の飼料
ハンヤブシ　鹿児島民謡の一つ

（ヒ）

ヒ　喪
ピ　とげ
ヒアガッ　干上がる
ヒアソッ　火遊び
ヒアタィ　日当たり
ヒイ　昼
ヒイ　蛭
ヒイ　にんにく
ヒィ　言う
ヒィ　放つ
ヒイカアサッ　昼過ぎ
ヒイネ　昼寝
ヒイノヒナカ　日中
ヒイマ　昼間
ヒイマエ　昼前
ヒイメッ　昼めし
ヒイヤスン　昼休み

ヒウッイシ　火打石
ヒエ　黴菌
ヒエガイッ　悪寒や発熱がすること
ヒエクセ　生ぐさい
ヒエクッ　冷えた
ヒエクッサカ　魚臭い
ヒエトイ　稗取り
ヒエモントイ　死んだ罪人から肝をとること
ヒエンビョ　淋病
ヒオコシ　火吹き竹
ヒカイ　光
ヒガイタン　悩み心配する
ヒカイムン　夜中に光りを発する物
ヒカッ　火かき棒
ヒガラメ　やぶにらみ
ヒカラビッ　干からびる
ヒカルッ　惹かれる
ヒガンキ　馬酔木
ヒガンバナ　曼珠沙華

ヒキ	低い
ヒキオ	引き合う
ヒキアグッ	引き揚げる
ヒキアン	引き網
ヒクスッ	贔屓する
ヒゲモッゾ	ひげむじゃら　ひげづら
ヒゲムシ	毛虫
ヒコ	程
ヒコジイ	引きずる
ヒコタクッ	引きまくる
ヒコハユッ	ひきのばす
ヒザガツンブシ	膝がしら
ヒシ	返事
ヒジ	ひどい
ヒシチ	一日中
ヒシチグラシ	その日暮らし
ヒシチゴシ	一日おき　隔日
ヒシテガカイ	一日がかり
ヒシヤツ	柄杓

鹿児島県なんでも日本一

桜島小ミカン

桜島といえば桜島大根と前で書きましたが、もう一つ忘れてはならない特産品がありました。今度は小さいほうで日本一。もうお分かりですね。桜島小ミカンでした。

ヒタ	下
ヒダイ	左
ヒダイカ	ひもじい
ヒダイギッ	左利き
ヒダイギッチョ	左利き
ヒタガ	白髪
ヒタケンケン	片足とび
ヒタシ	おしめ　おむつ
ヒダヒダ	牛への掛け声
ヒタッ	下地
ヒダッブシ	膝がしら
ヒタメ	シラミ
ヒダリ	ひもじい
ヒダルカ	ひもじい
ヒタワレ	大笑い
ヒタン	知らない
ヒチョッ	して置く
ヒッ	七つ
ヒッ	屁をひる

ピッ	匹
ヒッ	引く
ヒッ	顔色
ビッ	蛙
ヒッオロス	引き下ろす
ヒッカ	低い
ヒッカキルッ	霜焼けする
ヒッカグッ	欠ける
ヒッカタグイ	担ぐ
ヒッカタビク	傾むく
ヒッカタビッ	傾く
ヒッガネ	引き金
ビッガヒッチ	おじけづく
ヒッカブイ	湯などをかぶる
ヒッカブイ	卑怯者
ヒッカブイ	弱虫
ヒッカブイ	下痢
ヒッカル	背負う
ヒッカルイ	枯れる

ヒッカレタ　枯れてしまった
ヒッキエタ　消えてしまった
ヒッキャブッ　破る
ヒッキャグッ　引き揚げる
ヒッキャワン　ひき合わない
ヒッキャワンハナシ　ひき合わない話
ヒッキユッ　消える
ヒックカアッ　転倒する
ヒックイカエッ　ひっくりかえす
ヒックダ　引き込んだ
ヒックダイ　下る
ヒックダッセエ　下ってしまって
ヒッコガス　ひっこ抜く
ヒッコロダ　転んだ
ヒッコヤス　ひっこ抜く
ヒッコン　引き込む
ヒッサガッ　引き下がる
ヒッサクル　やっつける
ヒッザッ　引き破る

ヒッザン　引き算
ヒッシオ　引き潮
ビッシャグッ　潰れる
ビッシゲタ　つぶれた
ビッショイ　濡れる
ヒッソイ　ひっそり
ヒッソヒッソ　ひそひそ
ヒッタイ　すっかり
ヒッタオス　引き倒す
ヒッダスッ　引き出す
ビッタドン　ひき蛙
ヒッタマガッタ　おどろいた
ヒッタモッ　食べる
ヒッチオツイ　落ちる
ヒッチギッ　引きちぎる
ヒッチゴ　違う
ヒッチッ　付く
ヒッチネッ　うたた寝をする
ヒッチャ　質屋

ヒッチャブッ　破る
ヒッチャブレ　ボロ着物　ボロ服
ヒッチャエタ　落ちた
ヒッチャユッ　落ちる
ヒッチャルッ　落ちる
ビッチョ　蛙
ヒッチョイカブイ　知ったかぶり
ヒッチョイドン　物知り
ヒッチラクッ　散らかす
ヒッツイ　痙攣
ヒッツカイ　水漬かりになる
ヒッツッ　付着する
ヒッテ　ひやっ！
ヒットデタ　飛び出した
ヒットマッ　泊まる
ヒットマッ　止まる
ヒットンダ　飛んだ
ヒッパスン　はさむ
ヒッパッ　引っぱる

鹿児島県なんでも日本一

キンカンの生産日本一

今年は加世田市が星空日本一に輝きましたが、加世田市には沢山の日本一があります。そのなかでもキンカンの生産は日本一です。

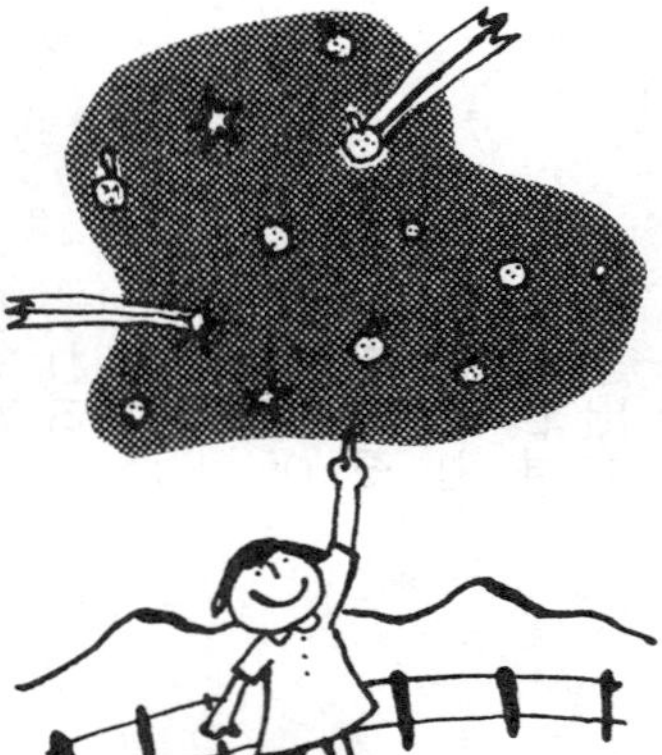

ヒッハル　引き払う
ヒデ　ひどい
ヒデイ　旱
ヒテグチ　ひたい
ヒトイ　ひとり
ヒトイズモ　ひとり相撲
ヒトカレ　一背負い
ヒトクッ　ひとくち
ヒトシコ　同じ
ヒトジッ　人質
ヒトスッ　ひと筋
ヒトダッケ　人助け
ヒトチ　ひとつに
ヒトチャ　一つは
ヒトッバ　犬槇
ヒトムカッ　一昔
ヒトッモ　全然
ヒトハヤイ　一時の流行
ヒドン　太陽　お日さま

ヒトンシ　世間の人
ヒトンネ　他家
ビナ　蜷
ヒナカイッペ　半日いっぱい
ヒナジョ　雛人形
ヒナジョユエ　雛祭
ヒネイコ　紙こより
ヒネッ　ひねる
ヒネクルッ　ひねくれる
ヒノイッニッ　一日中
ヒノオラッ　怒鳴る
ヒノカンサア　火の神
ヒノクイマ　火の車
ヒノッ　檜
ヒバイ　雲雀
ヒバッ　火鉢
ビビンコ　肩車
ヒボ　紐
ヒボカス　乾かす

ヒボクッ　やけどで皮膚がただれる
ヒメガタシ　サザンカ
ヒメシ　昼飯
ヒモジ　ひだるい
ビヤ　枇杷
ヒヤカ　冷たい
ヒヤガッ　干上がる
ヒャッ　百
ヒヤッショ　百姓
ヒャッネン　百年
ヒヤミッ　冷や水
ヒュタン　ひょうたん
ヒュ　俵
ヒユッ　寒い
ビヨ　病気
ビヨイ　日和
ヒヨエ　病弱
ヒョクッ　からかう
ヒョクッ　突然

ヒョシ　はずみ
ビョッ　屏風
ヒョッコイト　不意に
ヒョッスット　あるいは
ヒヨトイ　日雇
ビョニンタロ　病人
ヒョロイヒョロイ　ウロウロ
ヒョロナゲ　細くて長い
ヒライヒライ　ひりひり痛む
ヒラグヮチョ　顔面の広い人
ヒラッ　開く
ヒラテ　たいらな
ヒラメッ　ひらめく
ヒラメタ　ひらめいた
ヒリ　広い
ビリクソ　下痢
ヒルアツムイ　拾い集める
ヒレワイ　広いです
ヒロ　拾う

ヒロカ　広い
ヒロムッ　広める
ヒワィ　日割り
ヒワルッ　ひび割れる
ヒン　格好
ヒンカツ　ジョウビタキ（鳥）
ヒンガヨカ　格好が良い
ヒンガワリ　格好が悪い
ヒンコロッ　転ぶ
ヒンジャゴロ　貧乏人
ヒンソ　貧相
ビンタ　頭
ビンタサゲミッ　礼儀
ビンダレ　洗面器
ヒンダレタ　疲れた
ビンタヲツン　散髪する
ビンドメ　ヘアーピン
ヒンナク　泣く
ヒンナッ　なった

ヒンナムッ　なめる
ヒンナムン　貧しい人
ヒンニグイ　逃げてしまう
ヒンニッ　引き抜く
ヒンヌクイ　抜けてしまう
ヒンヌッ　脱ぐ
ヒンネ　昼寝
ヒンネマイ　腐る
ヒンノヒナカ　まっ昼間
ヒンノン　飲む
ピンピンムシ　ボウフラ
ビンブ　貧乏
ビンブンカン　貧乏神
ヒンマガッ　曲がる
ヒンメシ　昼飯
ヒンモドイガ　帰ろうよ
ヒンモドッ　帰る
ヒンモユイ　燃える
ヒンモロ　もらう

（フ）

フ　運
フ　類
フ　カメムシ
フ　外観
ブ　虻
フイ　冬
フイ　振り
フイ　古い
フイ　降る
ブイ　ブリ（魚）
フイアツッ　振り当てる
フイカ　古い
フイカエッ　振りかえる
フイカケ　ふりかけ
フイガナ　振り仮名
フイクセ　古くさい
ブイジョケ　すくいザル
フイコ　振り子
フイコン　振り込む
フイソデ　振り袖
フイダシ　振り出し
フイマッ　振り撒く
フイマワスッ　振り回す
フイムッ　振り向く
ブエン　生魚
ブエンナイランカヨ　魚は要りませんか
フォンノコッ　本当
フガアイ　風変わり
フカイイ　深入り
フガエ　幸運
フカカ　深い
フカスッ　蒸す
フカスッ　吹聴する
フガヨカ　幸運
フギイ　不義理
ブキッチョ　不器用

ブク	泡
フクッ	老ける
フクラマスイ	脹ます
フケ	深い
ブゲンシャ	金持ち
フサッ	塞ぐ
フシッ	不思議
フスッ	着物を繕う
フスモッ	燻ぶる
フタッ	二つ
フタッミッ	二つ三つ
フタン	頬
フダンソ	不断草
フチ	太い
ブチホ	下手
フッ	吹く
フッ	よもぎ
フッ	拭く
フッ	振る

フッ	降る
フッ	渕
フッ	福
フッ	服
ブッ	むち
ブッ	泡
フッカクッ	ふっかける
フッガケアガッ	ど胆を抜かれる
ブッカンブッカ	ぶかぶか
フッキッ	切る
フツクロ	ふところ
ブツダケ	細竹
ブッダン	仏壇
ブッツイカッタイ	ぶつぶつ愚痴る
フッツナッ	成長する
フットン	河豚
フッノモッ	よもぎ餅
フテ	ひたい
フテ	大きい

フテ	態度の大きい
ブテ	舞台
フテコッ	沢山
フテコッ	大きいこと
フテコッ	口答え
フテコッ	法螺
フテワロ	不逞な野郎
フテミヨ	ひどい目にあう
フテメオタ	ひどい目にあった
フト	人
フド	沢山
ブト	蛾
ブト	ぶよ
フトィ	太る
フトカ	太い
フナアソッ	舟遊び
フトナッ	大きくなる
ブニセ	ぶ男
フバレ	不払い

鹿児島県なんでも日本一

日本一高い人物像

鹿児島空港に降り立つと目の前に西郷隆盛の銅像が目に入る。この銅像の大きさは人物像としては日本一です。

フムッ	不向き
フモト	旧士族部落
フヤカス	殖やす
フユ	不精
フユッゴロ	不精者
フユヲカマユイ	不精をする
ブラッ	部落
フリ	古い
フル	拾う
フルッ	古着
フロ	かまど
フロタッグン	風呂の薪
フン	踏む
フン	履く
ブン	だけ
フンキィ	踏み切り
フンゴン	玄関
フンタクッ	踏みにじる
フンモン	履物

（へ）

ヘ	灰
ヘ	蠅
ベ	貝
ペ	杯
ヘアガッ	這いあがる
ヘイ	へり
ヘイクッ	入り込む
ヘガムッ	減らす
ヘグロ	鍋の底のスス
ヘコ	褌
ヘコ	若者
ヘゴ	シダ
ベコ	わきが
ヘコオッ	兵児帯
ヘコン	へこみ
ヘサッ	舳先
ヘシ	返事

ヘズセンカ　返事をしなさい
ヘズッ　減らす
ヘソクイ　へそくり
ヘソミカン　ネーブルオレンジ
ヘソンオ　へその緒
ヘタ　吐いた
ヘタ　近海
ヘタイクデタイ　吐き下し
ヘタッ　蠅叩き
ヘッ　肩こり
ヘッ　減る
ヘッ　蛇
ヘッ　這入る
ベッ　別
ヘッガデッ　第七胸骨のところが凝る
ベックッ　別口
ベッシグイ　潰れる
ベッソヲヒッツクッ　ベソをかく
ヘッタ　落ちた

鹿児島県なんでも日本一

ボンタン生産日本一

阿久根市の産物ボンタンは生産量日本一です。

ベッタアシ	扁平足
ベッタイ	たくさん
ヘッチ	すぐ
ヘットイヘットイ	へとへと
ベットンベットン	粘り着くさま
ベッナムン	別なもの
ヘトイガン	蠅取紙
ヘトイコッ	蠅取蜘蛛
ベトコン	馬面剥
ヘトンシレン	何もならない
ヘヒッカブイ	弱虫
ベブ	牛
ベブンコ	子牛
ベラ	枯れた小枝
ベロ	舌
ヘンコ	焦げ飯
ベンジョ	晴れ着
ヘンブッ	変物
ベンベン	着物

（ホ）

ホ	方角
ホ	這う
ホ	法
ボー	男の蔑称　～坊
ホイ	ほれ
ホイ	掘る
ホイ	堀
ボイ	とんぼ
ボイ	忘れっぽい
ホイカア	それから
ホイサァ	神主
ボイドン	坊さん
ホイナァ	さよなら
ホイモン	彫り物
ホイホイ	自由気ままなさま
ボエ	忘れっぽい
ボオドイ	棒踊り

ホーホスッ　顔がほてる
ホォホスッ　ポカポカする
ホガスッ　穴をあける
ホガッ　方角
ホガネ　頼り甲斐がない
ホカブイ　ほおかむり
ホギイ　部落の区域
ホグッ　穴をあける
ホケ　湯気
ホゲ　あいた穴
ホケガアガラン　成功しない
ホゲタ　掘った
ホコイ　草木が茂る
ホコイ　ほこり
ホコッサルッ　うろつきまわる
ホコレ　ほころび
ホコレ　埃
ホシ　細い
ホシ　欲しい

ボシ　帽子
ホシタァロ　欲しいのだろう
ホシモン　干した物
ホシモン　欲しい物
ホシヤ?　欲しいか?
ホシャドン　祈祷師
ホジョ　毛虫
ホションカン　奉書紙
ボス　僧侶
ホスッ　干す
ボスバナ　百日草
ボスビンタ　坊主頭
ホセ　細い
ホゼ　秋祭
ホソ　天然痘　できもの
ホタ　空洞のある丸太
ホタ　這った
ボタ　布団
ホタイ　いじる

ホタイ	蛍
ホタイウッセ	捨てろ
ホタイオツッ	落ちる
ホタイオテタ	落ちてしまった
ホタイケシメ	死んでしまえ
ホタイシン	死ぬ
ホタイトクイ	倒れてしまう
ホタイナグッ	放り投げる
ホタイニグッ	逃げる
ホタイマクッ	負ける
ホタイモドッ	帰る
ホタッ	さわる
ホチョ	包丁
ホッ	掘る
ホッ	彫る
ホッ	ほうき
ホッ	谷
ボッ	ダメ
ホッカブィ	ほほかぶり

ボックイ	穴などにおちる形容
ボックイゲタ	木履下駄
ボッケモン	肝のすわった人
ボッジャ	駄目だ
ホッセ	欲しがる
ホッセスンナ	欲しがるな
ホッタ	文句を言った
ボット	木刀
ホッボシ	彗星
ボッボッ	徐々に
ホテ	這って
ホデ	放題
ホテケ	這って来い
ホデケタ	這いはじめた
ホデタ	はい出た
ホテッ	ほてる
ホドッ	ほどく
ホドクッ	ほどけた
ホトケンミン	すべりひゆ

ホトビッ	うるむ
ホナメ	大変な目に
ホネギッ	痩せた人
ホネン	豊年
ホノシレン	くだらない
ホノナカ	無頓着な
ホバシタ	帆柱
ボバレ	おたふく風邪
ボブラ	かぼちゃ
ボボ	女陰
ホホナメ	ほうほうのてい
ホムッ	褒める
ホメッ	蒸気
ホメッ	ほてる
ホメッメ	褒めてみろ
ボヤカス	からかう
ホヤケ	あざ
ボヤシ	気がきかない
ボヤスケ	忘れっぽい人

ボヤッ	ぼやく
ボヤッナッ	ぼう然とする
ホユッ	吠える
ホラゲ	法螺貝
ボリ	非常に
ホルッ	惚れる
ボロイボロイ	ぼろぼろ
ボロッタ	後頭部
ホロッチナッ	やつれる
ボンオドイ	盆踊
ボンクラ	頭の悪い子
ボンタン	ザボン
ボンドンヤケシ	アカトンボ
ボンノ	愛情
ホンノコテ	本当に
ホンノコチ	まことに
ボンノヲカクッ	愛情を注ぐ
ボンノンナカ	憎らしい
ホンブィ	本降り

（マ）

マ　もう
マアイ　ありつける
マアイクデ　まわりくどい
マアイガワリ　待遇が悪い
マアイヅロ　まわり燈篭
マアイブテ　まわり舞台
マアイミッ　回り道
マアスイ　差上げる
マアッ　回る
マアスッ　回す
マイ　鞠
マイガオ　丸顔
マイクッ　束ねる
マイツッ　鞠つき
マイツッ　毎月
マイボロ　まるぼーろ
マイマイ　丸々
マイモケ　まる儲け
マエ　庭
マエオッ　前置き
マエカガン　前かがみ
マエガッ　前書き
マエガン　前髪
マエマエンツッ　先々月
マエン　前の
マエンカカ　先妻
マエンツッ　先月
マエンホ　前方
マガイ　曲がる
マカス　参ります
マカネ　炊事
マカノ　賄う
マギイ　曲がる
マクイ　負ける
マクジイ　つむじ風
マクジッ　胸焼け

マクッ	負ける
マクッ	転がす
マクッ	かぶれる
マグッ	曲げる
マグッ	間口
マクラカスッ	転がす
マグルッ	迷う
マグレイン	のら犬
マグレタ	迷った
マケッ	負け
マコッ	真実
マコッノコッ	本当のこと
マコテ	まことに
マサケオ	間に合う
マサケオワン	間に合わない
マジナッ	邪魔になる
マズッ	混ぜる
マズシカ	貧しい
マゼクッ	混ぜる

鹿児島県なんでも日本一

かつお節の生産日本一

枕崎はかつお漁で有名です。もちろんかつお節の生産量は日本一です。

マゼクイカエッ　混ぜくりかえす
マゼメシ　混御飯
マタガッ　またがる
マタゴアンソ　さようなら
マチケン　待ち遠しい
マチット　もう少し
マッ　巻く
マッ　撒く
マッ　蒔く
マッ　薪
マッ　松
マッ　待つ
マッ　ちまき
マッ　町
マッアグッ　巻きあげる
マツィ　祭り
マツイカタ　酒宴
マッカド　街角
マッキッ　巻切る

マッギレ　幕切れ
マッケ　赤く
マッゲ　間違い
マッゴタ　間違った
マッチャゲモシタ　お待ちしてました
マッチョイ　待っている
マッテ　そういえば
マッナゲ　待ちながい
マッノッ　松の木
マッノヤネ　松やに
マッポシ　真正面
マドイ　間取り
マトムッ　まとめる
マナッ　真夏
マヌイ　つげ口する
マニオ　間に合う
マヌリ　手ぬるい
マネッ　招く
マネッ　真似る

マネケン	まれに
マネケンナ	たまには
マネシゴロ	人まねする人
ママ	飯
ママカカ	継母
ママゴッ	ままごと
ママトト	継父
マミ	綿密な
マミッ	まじわる
マメクシ	ナメクジ
マモイガン	守り神
マモッ	守る
マヤッ	麻薬
マヤテ	前かけ
マユッ	回す
マヨ	迷う
マラ	睾丸
マラスル	差し上げる
マリ	丸い

マルドイ	丸取り
マルヤッ	丸焼き
マレケン	稀に
マレケンナ	たまには
マワイ	回り
マワッ	回る
マンカンメシ	小豆飯
マンゲッ	満月
マンゼモモ	スモモの一品種『万左衛門』
マンダラ	ケイトウ
マンジュ	女陰
マンヂュベ	汚い音の屁
マンノッ	松の木
マンビキ	シイラ（魚）
マンビッ	万引き
マンプッ	満腹
マンボ	両方
マンボンテ	両手
マンマリ	まんまる

（ミ）

ミアワスッ	見合わす
ミイ	見る
ミー	姪
ミウッ	身内
ミエッ	見えて
ミガオビ	身重（みおも）
ミオクッ	見送る
ミカギッ	見限る
ミカクッ	見かける
ミガシボッ	小便が激しく出る
ミガタギイ	熱がある
ミガッ	磨く
ミガッコ	歯磨き粉
ミキッ	見切る
ミギレ	身奇麗
ミキワムッ	見極める
ミクビイ	あなどる

ミグルシカ	見苦しい
ミグルシカコッ	見苦しいこと
ミケ	見に
ミゴエ	堅苦しい
ミゴチ	美しい
ミゴッカ	美しいもの
ミゴテ	見事
ミコン	見込み
ミコンガナカ	見込みがない
ミサグッ	見下げる
ミシクイ	見つける
ミシケ	短い
ミシケタ	見つけた
ミシタンゴナッ	成長する
ミシタンセスッ	人見知りする
ミジョカ	可愛い
ミズクセ	水臭い
ミスッバレ	おはらい
ミセッミレ	見せてごらん

ミセッメ　見せてごらん
ミセブラカッ　見せびらかす
ミソッチュ　ミソサザイ（鳥）
ミソンシュイ　味噌汁
ミッ　水
ミッ　むく
ミッ　診る
ミッ　見る
ミッ　道
ミッ　幹
ミッ　右
ミッアソッ　水遊び
ミッグイマ　水車
ミッサシ　水差し
ミッシャクイ　水鉄砲
ミッヂャビィ　海水浴のこと
ミッツクイ　道路の補修仕事
ミッバテ　道ばた
ミッボソ　水疱瘡

ミッバッ　蜜蜂
ミッミャイ　みてみなさい
ミテ　みたい
ミトナシゴロ　汚い奴
ミドコイ　見どころ
ミトドクッ　見届ける
ミトムッ　認める
ミトンナカ　みっともない
ミトンネ　見苦しい
ミトンネヤッ　見苦しい人
ミナレ　見習い
ミナン　南
ミニキ　見にくい
ミヌッ　見抜く
ミノッ　実る
ミハイ　見張り
ミハッ　見張る
ミバレ　未払い
ミヒケ　短い

ミミッ	みみず
ミメ	見舞
ミモソヤ	見ましょうよ
ミヤメイ	宮まいり
ミユイ	見える
ミョシ	苗字
ミョニッ	明日
ミラン	見ない
ミロ	見よう
ミロゴチャッ	見たい
ミン	耳
ミンカザイ	耳飾り
ミンカッ	耳搔き
ミンザワィ	耳ざわり
ミンチャバ	耳たぶ
ミンツンボ	つんぼの人
ミンミロ	見て見よう
ミンナバ	キクラゲ
ミンヤン	耳の病

（ム）

ムイ	無理
ムイ	虫
ムイナカ	可哀想
ムイネカ	可哀想
ムイメ	娘
ムカスネ	むこうずね
ムカシナジュン	幼なじみ
ムカゼ	ムカデ
ムカッ	昔
ムガッ	無学
ムカッカタッ	昔気質
ムカッナジン	昔馴染
ムカッバナシ	昔話
ムカバ	前歯
ムカルッ	嫁入る
ムカユッ	迎える
ムキ	向うに

ムキッ　無傷
ムクジイダスッ　つかみ出す
ムクロ　ひどく
ムクロイッ　がむしゃらに
ムケ　向うに
ムケヅラ　額
ムケメ　迎えに
ムケン　眉間
ムコドン　婿
ムシ　へび
ムジ　かわいい
ムシアチ　蒸し暑い
ムシクレバ　むし歯
ムシト　筵
ムジョカ　可愛い
ムジョガル　可愛がる
ムスカシカ　むづかしい
ムゼ　可愛い
ムゼモムゼ　とても可愛い

ムゼナカ　可愛くない
ムタ　湿田
ムッ　虫
ムッ　麦
ムッ　向く
ムッ　皮をむく
ムッカシ　むつかしい
ムッカシコッ　義理堅い
ムッカシコツシヤンナ　義理堅い事をしなさんな
ムッガラエ　麦藁葺家
ムッガラボシ　麦藁帽子
ムッギ　椋鳥
ムッキャグッ　嘔吐する
ムッキョ　向き合う
ムックイムックイ　むくむく肥って
ムックイムックイ　むかむか腹が立つ
ムッケ　吐き気
ムッゴロ　鯇
ムッタ　乾田（冬は麦作ができる）

ムッナイ　怒る
ムッフン　麦踏み
ムテッ　無敵
ムデナ　不埒な
ムテッ　霧笛
ムナゲ　むながい
ムナシ　むなしい
ムネ　嶺
ムネアゲユエ　棟上げ祝い
ムネジッ　胸焼けをする
ムネヲマッ　むかつく
ムヒクレバ　虫歯
ムヒナカ　可愛そう
ムラガッ　群がる
ムラザケ　村境
ムラサッ　紫
ムルッ　蒸れる
ムン　麦
ムンノイオ　ムロアジ（魚）

（メ）

メ　見なさい
メ　舞
メ　姪
メ　繭
メ　枚
メアサ　毎朝
メイ　参る
メイゲ　しゃもじ
メイヒッカカイ　目につく
メイヤグッ　来る
メイワッ　迷惑
メウツイ　目移り
メガサメタ　起きた
メガホガッ　孔があく
メグスィ　目薬
メクッ　捲る
メゲ　眉毛

メゴ	目のあらい篭
メゴダケ	阿亀笹
メサッ	目先
メザムッ	目覚める
メザワイ	目障り
メジイ	目尻り
メシクッ	見つける
メシゲ	ご飯杓子
メシュトイ	おべっかい
メシュヲトッ	おべっかいをいう
メシャガッタモ	お召し上り下さい
メジロ	ホホジロ（鳥）
メストイ	ご機嫌取り
メストイゴロ	おべんちゃらいい
メタ	女性
メタ	牝牛
メダマ	おはじき
メダレ	腰巻
メタンダレ	ただれ目

鹿児島県なんでも日本一

豚飼養頭数日本一

鹿児島は黒豚が有名ですが、豚飼養頭数は日本一です。

メチッ	毎月
メッ	めし
メッ	詣る
メツッ	毎月
メツッ	目付き
メッテ	たびたび
メッペッチョイ	見つめている
メデテ	目出度い
メトッ	娶る
メニッ	毎日
メヌッ	目抜き
メヌッドオィ	目抜き通り
メノハ	わかめ
メバイ	まぶしい
メバン	毎晩
メヒニッ	毎日
メヒカカ	短い
メベイ	目減り
メメ	目

メメギロシ	うるさい
メメンジロ	みみず
メメンヨカ	きりょうよし
メモセ	思い出す
メモッ	目もと
メヤシ	たやすい
メヤッ	迷惑
メヤネ	目やに
メヤン	目病
メラ	女性
メラスッ	差し上げる
メロ	下女
メンダレ	腰巻き
メンツ	雌
メンツンタマ	眼球
メンデ	面倒くさい
メンドン	お化け
メンブッ	面目
メンブッガナカ	面目ない

（モ）

モ	舞う
モ	もう
モ	回る
モイ	森
モイ	守り
モイ	銛
モイ	最寄り
モイッキ	もうすぐ
モイノコ	子守
モエ	頼母講
モエキイ	燃えさし
モエッ	燃える
モエデケタ	燃えだした
モカッ	儲かる
モガッ	もがく
モキッ	もず
モクイ	儲ける
モグサ	よもぎ
モグッ	潜る
モクロイキ	強く
モゲ	甘すぎる
モシタヤ	～しましたら
モジャコ	鰤の子
モジョカ	可愛い
モス	ます
モスギッ	モズ（鳥）
モゼ	かわいい
モソ	～しましょう
モゾガッ	かわいがる
モソダケ	孟宗竹
モゾンカ	かわいい
モタ	舞った
モタスッ	持たせる
モッ	持つ
モッ	盛る
モッ	餅

モッ　漏る
モッガシ　餅菓子
モッギッ　もず
モックイモックイ　もくもく（煙などが）
モックサ　もぐさ
モッゴメ　もち米
モッゴロ　鮠
モッショイ　強く
モッション　たいへん
モッダスッ　持ち出す
モッチッ　餅つき
モッチイッ　持って行く
モッチャグッ　持ち上げる
モッチョラン　持っていない
モッツッ　餅つき
モドイ　帰り
モドイモドイ　帰り早々
モドッ　戻る
モドッシャイ　戻しなさい

モノ　はれもの
モノウイ　物売り
モノオッ　物置き
モノゴッ　物事
モノトィ　盗人
モノメイ　参詣
モノンツ　かさぶた
モヘ　もう
モヒコガシ　菓子
モマ　ムササビ
モミッ　モミジ
モムッ　もめる
モモゲ　鳥の胃袋
モモジイタクッ　くしゃくしゃに揉む
モモヒッ　もも引き
モモンタクッ　もみくしゃにする
モヤシ　たやすい
モヤシモンジャ　たやすいものだ
モユイ　燃える

モヨ　模様
モヨガエ　模様替え
モヨイ　最寄り
モレ　お化け
モレ　乞食
モレゴ　貰い子
モレナッ　貰い泣き
モレモン　貰い物
モロ　貰う
モン　籾
モンガラ　籾殻
モンケスッ　もみ消す
モンゴイモンゴイ　まごまご
モンゾ　悶着
モンゾイモンゾイ　もぞもぞ
モンタクッ　もみくちゃにする
モンツッ　紋付
モンドコイ　紋どころ
モンメン　木綿

（ヤ）

ヤ　おう
ヤ　は
ヤ　か
ヤア　やら
ヤアレ　一生懸命
ヤイ　槍
ヤイ　遣る
ヤイ　蟻
ヤイ　～なさい
ヤイオ　やり合う
ヤイクイ　やりくり
ヤイクッ　やり口
ヤイクユッ　失敗する
ヤイコムッ　やり込める
ヤイソコネ　やりそこなう
ヤイテ　敏腕家
ヤイトグッ　やりとげる

ヤイトイ	やり取り
ヤイニキ	やりにくい
ヤイノ	養う
ヤイニッカ	やりにくい
ヤイバッテ	だけれども
ヤイホンデ	仕放題
ヤイモハン	やりません
ヤイモンガ	やりましょう
ヤイモンセ	ください
ヤイソコヌ	しくじる
ヤイヤイ	一所懸命
ヤイヤ・ヤイヤ	やれやれ（失敗った）
ヤイヨ	争う
ヤウッ	親戚
ヤウツイ	引越し
ヤオ	か
ヤカマシ	厳しい
ヤカマシガ	うるさいよ
ヤカマシ	難かしい
ヤカラ	無理を言う
ヤカラボ	だだっ子
ヤクセン	役に立たない
ヤケシ	トンボ
ヤケジュ	火傷
ヤゴロードン	弥五郎殿
ヤコバナシ	キツネの化ける話
ヤシ	途中
ヤシ	安い
ヤジイ	野次る
ヤジェロシ	うるさい
ヤシゴロ	食いしん坊
ヤシッ	屋敷
ヤシノ	養う
ヤスイ	鑢
ヤスイ	やせる
ヤスッ	やせる
ヤスラマゴ	玄孫
ヤスン	休む

ヤセ	野菜
ヤセギッチョ	やせた人
ヤセゴロ	痩せた人
ヤセツクイ	野菜作り
ヤゾロシ	うるさい
ヤテド	傭人
ヤツ	だ
ヤッ	焼く
ヤッ	遣る
ヤッ	人
ヤッ	なさる
ヤッ	山羊
ヤッケ	厄介
ヤッケゴッ	厄介事
ヤッケナ	厄介な
ヤッゴ	厄子
ヤッサブシ	鹿児島オハラ節
ヤッサン	やぶさめ
ヤッサモッサ	ごたごた

ヤッシマ	屋久島（地名）
ヤッシャ	役者
ヤッショ	役所
ヤッスギ	屋久杉
ヤッセン	役立たず
ヤッセンボ	弱虫
ヤッデ	薬代
ヤッデ	やつで
ヤッデッ	こがねぐも
ヤッデトイ	薬代の集金人
ヤッド	するぞ
ヤッド	そうです
ヤットカット	ようやく
ヤッドガ	だろうが
ヤッニン	役人
ヤッバ	役場
ヤッパイ	やっぱり
ヤッハル	焼き払う
ヤッバレ	厄払い

ヤッモン　焼物
ヤテド　日雇い
ヤド　自宅
ヤドカイ　居候
ヤドカイ　やどりぎ
ヤドンシ　夫
ヤナッゴイ　柳行李
ヤナッノッ　柳
ヤネ　やに
ヤネウッ　灰吹き
ヤネガッ　垣根
ヤヒノ　養う
ヤブ　やぼ（を言うな）
ヤブッ　破る
ヤブニラン　やぶにらみ
ヤブヘッ　やぶへび
ヤボ　子供
ヤボ　薮
ヤボイシャ　藪医者

ヤボニラン　やぶにらみ
ヤマイモホイ　怒り上戸
ヤマイモホイ　山芋掘り
ヤマオコ　てんぴんぼう
ヤマオッ　山奥
ヤマカッ　山火事
ヤマガッコ　学校をさぼること
ヤマクヤシ　山崩し
ヤマコッ　女郎グモ　コガネグモ
ヤマジアケ　開墾地
ヤマダケ　青木
ヤマドイ　山鳥
ヤマハッ　山萩
ヤマヒビキ　山彦
ヤマビラッ　山開き
ヤマメ　天蚕
ヤマメ　男やもめ
ヤマンカン　山神
ヤマンカンマツイ　山神祭

ヤマンチョッペン	山頂
ヤムッ	やめる
ヤラシ	柔らかい
ヤレッ	石臼をまわす木の取手
ヤワラシ	柔らかい
ヤン	闇
ヤン	さい
ヤンカブッ	乱れ髪
ヤングラスン	暗闇
ヤンサ	やります
ヤンサ	そうです
ヤンソラ	屋根
ヤンノヨ	暗夜
ヤンブシ	山伏
ヤンマ	とんぼ
ヤンメ	病
ヤンメゴロ	病人
ヤンモッ	とりもち
ヤンモッノッ	トリモチの木

鹿児島県なんでも日本一

港湾の数日本一

鹿児島県は離島を沢山抱える県ですが港湾の数は日本一です。

（ユ）

ユ	よく
ユ	用事
ユ	言う
ユアガイ	ゆかた
ユアビッ	行水
ユイ	百合
ユイアメ	水あめ
ユウ	じっくり
ユエ	言いなさい
ユエ	祝い
ユエゴッ	祝い事
ユエンザ	お祝いの席
ユオ	祝う
ユオ	硫黄
ユオッ	遺言
ユガン	歪む
ユキッ	言い切る
ユキッカ	言えるか
ユキッタ	言いあてた
ユクイカヤス	口ごたえする
ユクサ	ようこそ
ユコッ	発言
ユゴッスイゴッ	言いたい放題
ユサブッ	揺振り
ユシ	用事
ユシタアンベ	都合よく
ユジン	用心
ユジンブケ	用心深い
ユス	ユズ（柚子）
ユスグッ	揺する
ユスッ	濯ぐ
ユスグッミレ	揺すってみろ
ユソコネ	言い損ない
ユタ	言った
ユタ	結った（髪などを）
ユダイ	よだれ

ユズッ　茹でる
ユチラカスッ　言いふらす
ユッ　指
ユッ　雪
ユッエ　行方
ユッカスッ　教える
ユッキャメ　みぞれ
ユックイ　のんびり
ユックイトシヤンセ　ゆっくりして下さい
ユッサ　戦い
ユッサッ　行先
ユッヅマッ　行きずまる
ユットドッ　行き届く
ユッバ　行き場
ユテメ　言ってみな
ユテンヨカ　言っても良い
ユナ　言うな
ユナカ　よくない
ユナッ　よくなる

ユノシ　ユズ（柚子）
ユノン　湯のみ
ユベ　昨夜
ユミッ　湯水
ユモサ　いいますよ
ユモサン　いいません
ユモシタ　いいました
ユモセバ　いいましたら
ユモソ　いいましょう
ユヨ　言い合う
ユラッ　ゆらぐ
ユリ　ゆるい
ユルイ　いろり
ユルイト　気楽に
ユルッ　ゆれる
ユルリ　囲炉裏
ユルン　ゆるむ
ユワ　岩
ユン　弓

（ヨ）

ヨ　夜
ヨ　魚
ヨ　そうだ
ヨイ　酔う
ヨイ　集まる
ヨイカタ　寄り合い
ヨイテツッ　よりつく
ヨイナコテ　やっと
ヨイノウッ　宵ノ口
ヨイワクッ　よりわける
ヨエ　弱い
ヨエシ　弱い人たち
ヨオー　おう
ヨカ　良い
ヨカアンベ　よい具合
ヨカイショ　晴れ着
ヨカオゴジョ　美しい女性

鹿児島県なんでも日本一

竹製ものさし生産日本一

ものさしといえば、竹と決まっていましたが、最近はプラスチックで造られたものが主流をしめてきました。しかし伝統は鹿児島に残っていました。竹製ものさし生産量は日本一です。

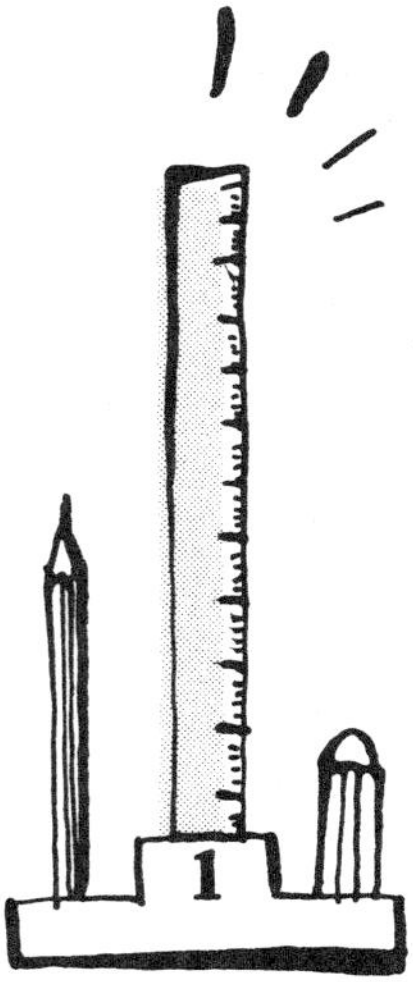

ヨカキビ　いい気味だ
ヨカゲン　いいかげん
ヨカシ　財産、地位のある人
ヨカシコ　ちょうどの量
ヨカシタ　床下
ヨカチゴ　いい少年
ヨカド　いいぞ
ヨカトコイ　いい場所
ヨカナカ　恋仲
ヨカナカ　良くない
ヨカニセ　美男子
ヨカバシ　えらぶる
ヨカバッノゴッ　偉そうに
ヨカヒヨイ　良い日和
ヨカブッ　威張る
ヨカブッナ　威張るな
ヨカフニ　よいように
ヨガヘッ　日が暮れる
ヨカマネヲスッ　気取る

ヨガン　ゆがむ
ヨカンガ　よろしい
ヨカンベ　よく
ヨキ　斧
ヨギレ　足指の切傷
ヨク　休む
ヨクイ　避ける
ヨクヤンセ　休みなさい
ヨクロ　酔う
ヨクロタ　酔った
ヨクロンボ　酔っぱらい
ヨケ　余計
ヨケ　横に
ヨケッセェ　よけて
ヨケンカ　よけなさい
ヨコゴッ　かげぐち
ヨゴシ　あえもの
ヨゴタ　ゆがんだ
ヨゴラカス　汚す

ヨゴレ　汚い人
ヨサ　夜
ヨシ　養子
ヨシュゴワンガ　はい、よろしいよ
ヨス　様子
ヨスミッケ　様子を見てきなさい
ヨスッ　寄せる
ヨセ　他所へ
ヨソコトバ　標準語
ヨソモン　外来者
ヨタッ　夜焚き
ヨッ　様子
ヨッ　斧
ヨッ　四
ヨッ　集まる
ヨッ　翼
ヨッ　欲
ヨッ　近よる
ヨッカナ　より

ヨッゴロ　欲ばり
ヨッコロッ　横になる
ヨッスナコッ　ようやく
ヨッテツッ　寄りつく
ヨットイヨットイ　よぼよぼ
ヨットッ　欲得
ヨッノカワガツッパッ　欲ばる
ヨッボ　欲ばり
ヨッボヨッボ　よぼよぼ
ヨテ　容体
ヨナッ　夜泣き
ヨナッ　よなべ
ヨネモモ　アンズの一種
ヨノイモテ　夕方
ヨノヒシテ　一晩中
ヨバコ　呼ぶ
ヨベイイ　夜這い
ヨベゴ　私生児
ヨボシ　とさか

ヨマ	紐
ヨマン	読まない
ヨメゴ	妻
ヨメジョ	嫁
ヨメジョトキッ	とうもろこし
ヨメジョモレ	婚礼
ヨモ	猿
ヨモシレン	くだらない
ヨヤン	雨の夜止み
ヨロイモト	夕方
ヨロイヨロイ	よろよろ
ヨロコッ	出産
ヨロコン	喜ぶ
ヨロシュゴアス	ようございます
ヨロッ	余録
ヨロッ	寄合い
ヨロッデ	一緒に
ヨロット	そっと
ヨロッモン	共有物

ヨロンヨロン	よろよろ
ヨワカ	弱い
ヨヲ	魚
ヨン	読む
ヨンアグッ	読みあげる
ヨンゴ	ひねくれ
ヨンゴキッ	横紙破
ヨンゴギネ	ひねくれ者
ヨンゴグッ	歪んだ口
ヨンゴヒンゴ	ちぐはぐ
ヨンゴモン	ひねくれ者
ヨンゴヲク	いやがらせをする
ヨンナル	読み習う
ヨンニ	いくらか
ヨンベ	昨夜
ヨンミャグッ	読みあげる
ヨンモン	読み物
ヨンヤ？	読むか？
ヨンボリ	脆弱な人

（ラ）

ラキ　楽に
ラシカ　らしい
ラッ　埒
ラッ　楽
ラッエン　楽園
ラッカショ　落花生
ラッガッ　落書
ラッキュ　らっきょう
ラッゴ　落語
ラッサチ　落札に
ラッジャ　楽だ
ラッデ　落第
ラッモネ　だらしない
ランガサ　洋傘
ランザチ　乱雑に
ランツケッ　マッチ
ランドッ　乱読

鹿児島県なんでも日本一

ユリ球根生産日本一
前でユリ栽培日本一とかきましたが、ユリ球根生産も日本一でした。

（リ）

リエッ　利益
リキュ　琉球
リキン　りきむ
リッアゲ　陸揚げ
リッグン　陸軍
リッジョ　陸上
リッチ　陸地
リクッ　理屈
リマワィ　利回り
リレッ　履歴
リレッショ　履歴書
リンカッ　輪郭
リンコッ　隣国
リンリン　鈴虫

（ロ）

ロオキョッ　浪曲
ロキ　ろくに
ロソッ　ろうそく
ロゼッモン　乱暴者
ロッ　六
ロッガッ　六月
ロッショ　緑青
ロッセン　六道銭
ロッチュシ　『六調子』鹿児島民謡の一つ
ロッナ　ろくな
ロッナワロ　ろくな奴
ロッボッ　肋木　ろくぼく
ロッマッ　肋膜炎
ロッロ　ろくろ
ロビッ　防水
ロビッヌノ　防水布
ロンチゲ　議論がかみ合わない

（ワ）

ワイ	おまえ
ワイ	割る
ワイ	分割した部分
ワイカ	粗末
ワイタッ	おまえたち
ワイドメ	おまえたちに
ワイドマ	おまえたちは
ワイワイスッ	旺んである
ワイワレ	自分自身
ワガ	おのれ
ワガ	あなた
ワガエ	自分の家
ワカイモシ	分かります
ワカイモハン	分かりません
ワガサア	あなた様
ワカサレ	分家
ワカシタガ	若白髪
ワカッ	分かる
ワカハン	分かりません
ワガマエ	自分自身
ワクド	ひきがえる
ワケ	若い
ワケクッ	訳
ワケシ	若者たち
ワケナッ	若くなる
ワケモン	若者
ワコナイ	若返る
ワコオナイヤシツロ	正月のあいさつ
ワザイ	怖い
ワザイ	たいへん
ワザイシコ	おどろくほど
ワザキ	わざと
ワスルッ	忘れる
ワゼーカ	ものすごい
ワゼシコ	おどろくほど
ワタイアルッ	渡り歩く

ワタイドイ	渡り鳥
ワタイモン	外来者
ワタッ	渡る
ワッ	割る
ワッ	沸く
ワッガ	わきが
ワッコ	お前
ワッザイ	たいへん
ワッサワッサ	あっさり
ワッゼエ	ものすごい
ワッバナ	わし鼻
ワビッ	わびる
ワメッ	わめく
ワヤ	お前は
ワヤッ	冗談
ワラスボ	藁
ワラッ	わらじ
ワラツッゴロ	藁打槌
ワラベ	ワラビ

ワラベ	藁灰
ワリ	悪い
ワリクッ	悪口
ワリコン	割り込む
ワリコッボ	わるさ
ワリヒヨイ	悪日和
ワル	笑う
ワルスット	ひょっとすると
ワルタ	笑った
ワルタクッ	たいへん笑う
ワルダクン	悪だくみ
ワルッ	割れる
ワレガオ	笑顔
ワレコッポ	いたずら小僧
ワレムン	割れ物
ワロ	笑う
ワロ	野郎　奴
ワンガクッド	お化けがくるよ
ワンリョッ	腕力

（ヲ）

ヲトコ　男
ヲナゴ　女

（ン）

ンダモシタン　あらあらまあ
ンドン　おまえたち
ントンスントン　音沙汰なしという表現
ンニャ　いいえ
ンニャンニャ　これはこれは
ンマ　馬
ンマカ　美味しい
ンマンカンサア　馬頭観音
ンメ　美味しい
ンメ　梅
ンメノッ　梅の木
ンモナカ　不味い

標準語索引

（ア）

ああ痛い	アイタヨ
合い鍵	アイカッ
愛きょう	アイキョ
挨拶	エサッ
挨拶がいい人	エサッガヨカヤッ
挨拶が悪い人	エサッガワリワロ
愛情	ボンノ
愛情を注ぐ	ボンノヲカクッ
合図	エヅ
愛想	エソ
あいた穴	ホゲ
あいつ	アイ
あいつに・あれに	アンテ
あいつへ	アイセェ
あいつを	アイヲ
あいつを・彼を・あれを	アユ
あいつを呼んでこい	アユヨンケ
相手	エテ
アイデアが浮かぶ	カンゲチッ
相手にしない	ウッカヨワン
相手にしない	ウテアワン
あいにく	アイニッ
姶良　阿平　吾平（地名）	エラ
逢う	オ
有るだけ持ってこい	アイシコモッケ
敢て行う	シキッ
あえもの	ヨゴシ
青い	アイ
青い	アエ
青い	アオカ
青木	ヤマダケ
アオギリ　梧桐	イッサッ
アオダイショウ	ウグッナオ
アオダイショウ	カラヘッ

仰むく	オナッ
赤い	アケ　アコ
赤い魚	アカナ
赤く	マッケ
赤くなった	アコナッタ
アカトンボ	ボンドンヤケシ
赤粘土　粘土	カマツッ
赤恥	ツラハッ
灯り	アカイ
上がり口	アガイクッ
上がり下がり	ノンボイクンダイ
上がりなさい	アガイヤンセ
上がる	アガイ
明るい	アケ
明るくなった	アケナッタ
秋	アッ
空き地	アッチ
商い	アッネ

秋祭	ホゼ
呆れる	アケェ
灰汁	アッ
阿久根市	アッネ
あくび	アクッ
あくまき	アッマッ
あぐら	イタグラ
あぐらをかく	イタグラヲカッ
あけび	トッパッ
あけび	ムベウベ
あけひろげる	アケハタグッ
あげましょう	アゲモンソ
あげます	アゲモス
あげます	アゲモソ
あげますから	アゲモンデ
開ける	アクッ
あげるというのに	アグッチユウトニ
顎	チャイゴ

顎が出ている　シケグッ
あざ　ホヤケ
浅い　アセ
朝露　アサジ
朝寝坊　アサニェゴロ
朝寝坊をする人　アサネゴロ
アサリ　イシゲ
アサリ（貝）　ナンコ
あさる　アシクッ
漁る　アセイ
足　ゴテ
鯵　アッ
味　アッ
足跡　アシガト
紫陽花　ナガシバナ
明日　アクイヒ
明日　ミョニッ
足の裏　アシンハラ

足の裏　ハラ
足のかかと　アトジィ
足のかかと　ドゲン
馬酔木　ヒガンキ
味見　カンキッ
足指の切傷　ヨギレ
あしらう　応答する　エシロ
預かる　アックッ
小豆飯　マンカンメシ
預けて　アッケッ
汗も　アセッ
あせる　アセイ
焦るぞ　アセッガ
焦るなぁ　アセッガ
あそこ　アシコ
あそこ　アスケ
遊び　アスッ
遊び道具　アスッドッ

遊び仲間	アスッドシ
遊びに	アスッケ
遊びに行くこと	デバィ
遊ぶよ	アスッド
暖かい	ヌキ
暖かい	ヌッカ
暖かさ	ヌクモイ
温めた物	ヌクメムン
温める	ヌクムイ
暖める	ヌクムツ
温める	ヌッムイ
頭	ヅ
頭	ビンタ
頭に血が上る	ウッチャグッ
頭の傷のあとのハゲ	ツケアゲ
頭の悪い子	ボンクラ
新しい	ニカ
新しい	ニケ

新しい洋服	ニカイショ
当たりませんよ	アタハンド
あちこち歩く	サルッ
あちこち	アッコソケ
あちらこちら	アッチャコッチャ
あちらへ	アッコセェ
厚い	アチ
暑い	アチ
熱い	アチ
熱い	イテ
暑い	ニュッカ
熱いぞ	アチド
扱う	アッコ
落花生　ピーナッツ	ダッキショ
あつかましい人	ダッキョヅラ
あづき	アヅッ
呆気にとられる様子	アケェ
あっさり	ワッサワッサ

会った	オタ
あったろう	アッツロ
あっちこっち	アシコソケ
あっちこっち	イッペコッペ
集まる	ヨイ
集まる	ヨッ
あてがう	アテゴ
あてにする	アテスッ
あてにならない	トシマラン
あてる	アツッ
後	アテ
後咳	アトゼッ
後になってから	アテナッセェ
後になってから	アトィナッセェ
後になる	アテナイ
孔があく	メガホガッ
あなた	オハン
あなた	オマンサァ
あなた	ヌシサア
あなた	ワガ
あなた様	ワガサア
あなどる	ミクビイ
穴などに落ちるさま	ボックイ
穴掘	ガマホイ
穴をあける	ホガスッ
穴をあける	ホグッ
兄	アニョ
姉	アネジョ
あの	アン
あのねぇ	アンナァ
あのねぇ	アンネェ
あの日	アンヒ
あの人	アノッサァ
あの人	アンシ
唖の人	アバ
あの人たちは	アンシャ

あの野郎　ウンワロ
あの野郎・あいつ　アンワロ
あの世　サッノヨ
暴れん坊　アマイバッチョ
暴れん坊　オゴイバッ
アヒル　アヒィ
浴びる　アビィ
虻　アッ
虻　ブ
危ない　アッナカ
危ない　アッネ
危ない　アンネェ
危なくない　アンネネェ
危なくないように　アッノネゴッ
油蝉　アワセッ
あべこべ　アッチャコッチャ
甘い　アマカ
甘い　アメ

甘いというのか？　アメチヤ
甘えん坊　アマエゴロ
雨蛙　アマビッ
甘柿　コネガッ
雨乞い　アマゲ
甘すぎる　モゲ
尼僧　アマボシ
余り物　アマイモン
網　アン
網を数える単位　アバ
雨の日　アメンヒ
雨の夜止み　ヨヤン
雨日和　アメビヨイ
鮎　アイノイオ
あらあらあ　アラヨー
あらあらまあ　ンダモシタン
荒い　アラカ
荒い物　アレモン

洗い物　アルムン
荒いものだ　アラカモンジャ
洗う　アル
荒神様　コジンサア
あら切り　ぶつ切り　ゴンダギイ
荒く　アレ
荒く・ひどく　アル
荒くするな　アルスンナ
荒ごと　アラゴッ
争う　イサコ
争う　ヤイヨ
あらまあ　ウンダモー
蟻　アイ
蟻　シアイ
蟻　スアイ
蟻　スワイ
蟻　ヤイ
ありがたい　アイガテ

ありがたいことだ　アイガテコッ
ありがたいなぁ　アイガテナァ
有り難う　コレワコレワ
ありがとうございました　アイガトサゲモシタ
ありがとうございます　アイガトゴワス
ありがとうございます　アイガトサゲモス
ありますよ　アンガ
ありつける　マアイ
アリマキ　ヌイ
ありますか？　アッカ？
ありますか？　アット？・アットナ？・アッナ？
ありますから　アイモンデ
ありますから　アッモンデ
ある　アイ・アッ
歩いて行こう　アユンデイッガ
歩いてこい　アユンケ
あるいは　ヒョッスット
あるか？　アイカ

あるか?　アイケ
あるか?　アット?
あるか?　アッネ
あるから　アッデ
歩き回る　バタグロッサルッ
歩く　アユン
歩く　サロク
有るだけ買ってこい　アイシココッケ
有るだけ全部　アイシコ
有るだけ持ってこないか　アイシコモッコンカ
あるだろうが　アッドガ
あるでしょう　アンソ
あるのか?　アットカ?
あるものですよ・あります　アンサァ
あるよ　アイガ
あるよ　アッガ
あれ　アイ
あれぐらいのことで　アシコンコッデ

あれぐらいのことで　アシコバッカイノコッデ
あれだけ　アシコ
あれで　アイデ
あれは・あいつは　アンタ
あれほど　アシコ
あれもこれも　アイモコイモ
あれを　アイヲ
あれを　アント
泡　ブク
泡　ブッ
慌て急ぐ　イソッタクッ
あわてる　アワツイ
あわてるさま　チィワイチィワイ
鮑　アヲビ・アオン
泡盛（酒）　アオモイ
暗礁　セ
アンズ　杏　ゴンゴンメ
アンズの一種　ヨネモモ

あんた　ノシ
あんた　お前さん　オマン
あんな　アゲナ
あんな　アゲン
案内　アンネ
あんなこんな言って　アゲンコゲンユテ
あんなことは　アゲンコチャ
あんなにでしょうか？　アゲン・ナ？
あんなには　アゲンナ
あんまり　アンマイ
暗夜　ヤンノヨ

（イ）

言い合う　ユヨ
いいえ　ンニャ
いいかげん　ウゾヤケ
いい加減　エカゲン
いい加減　テゲテゲ
いいかげん　ヨカゲン
いい加減な　ナマシレン
いい加減なこと　テゲナコッ
いい加減に　イケンデンコゲンデン
いい加減にしないか　エカゲンニセンカ
いい気味だ　ヨカキビ
言い切る　ユキッ
いい少年　ヨカチゴ
いいぞ　ヨカド
言い損なう　ユソコネ
言いたい放題　ユゴッスイゴッ

言いあてた	ユキッタ
言いなさい	ユエ
いい場所	ヨカトコイ
言いふらす	ユチラカスッ
いいました	ユモシタ
いいましたら	ユモセバ
いいましょう	ユモソ
いいますよ	ユモサ
いいません	ユモサン
いいや	ウンニャ
言いやがって	キシカエッ
言う	ヒィ
言う	ユ
言うな	ユナ
家	エ
家に	ゲェ
家屋敷	エヤシッ
言えるか	ユキッカ

硫黄	ユオ
いかがしましょう	イケンシモンソ
行かない	イッメ
錨	イカイ
いかれますか	オサイジャスカ
息	イク
息	セ
行き会う	イッキヨ
行き会った	イッキヨタ
勢い	イッエ
息が切れる	イッガキルッ
生き神様（人間）	イッガンサァ
粋がる	クセラシカ
息切れ	セガキルイ
息切れ	セギレ
行先	イッサッ
行きずまる	ユッヅマッ
行きたいなぁ	イコゴッアッ

行きたいねぇ　イコゴタイネ
行きたくない　イコゴタァナカ
行き違い　イッチゲ
行きちがう　イッスィ
行きちがった　イッスィゴタ
行きちがった　イッチゴタ
息詰まり　イッヅマイ
生きている　イクスッ
行きとどいた　イットッデタ
行きとどく　イットド
行き届く　ユットドッ
行き止まり　行詰まる　イッヅマイ
意気のあがらない話　コンシンバナッ
行き場　ユッバ
行きましたよ　イタオ
行きましょう　イッモンガ
行きましょうや　イッモハン
行きません　イッメ

息も切れ切れ　イッギレマッギレ
生きる　イキイ
息を吸え　イクセンカ
行くの？　イット？
行くのですか　イッキャットナ
行くのですか　イットナ
いくら　ドシコ
いくらか　ヨンニ
いくらでも　ドシコデン
生け垣　シバガッ
活ける　イクッ
威厳のある人物　キケタヒト
行こう　イコ
行こうか？　イッナ？
行こうや　イコヤ
行こうや　イッガ
イコ餅（菓子）　イコモッ
いざる　エザイ

石臼をまわす木の取手	ヤレッ
石垣	イシガッ
石垣	イヒカッ
イシガメ	クッ
伊敷（地名）	イシッ
石灯篭	イシヅロ
いじめる　きたえる	コナス
医者	イサ
医者	イサドン
いじりまわす	カカイタクッ
いじる	イジクッ
いじる	ホタイ
意地を張る	ツッパッ
出水市（地名）	イズン
いせえび	エッガネ
いぜき　堰き	イデ
急いだ	イセダ
居候	ヤドカイ

忙しい	セアシ
忙しい　急ぐ	セシコ
忙しい	セワシ
忙しいさま	ナイドコイジャナカ
忙しくするさま	バタバタスッ
忙しくない	セアシナカ
いそがせる	セッ
急ぎ込む	ウゼイコン
急ぐ	イソッ
磯物いれの篭	ハマテゴ
痛い　熱い	イタカ
痛い　熱い	イテ
痛いよ！	アイタヨ
痛くない　熱くない	イトワネ
板敷き	イタシッ
いたずらする	ケスッ
いただく	タモッ
板張りの三味線	ゴッタン

痛む　傷み	イタン
炒め物	イタメムン
炒める	イータクッ
イタヤ貝	インタラゲ
一二三（発する声）	セーノガサン
一円の価値もない	イチエンガッモネ
いぢくりまわす	ツンクイカヤス
いちご	イッゴ
一合半	ゴナカラ
無花果	イチジッ
一時の流行	ヒトハヤイ
一代	イッデ
一日おき　隔日	ヒシテゴシ
一日がかり	ヒシテガカイ
一日中	イッチニッ
一日中	ヒシチ
一日中	ヒノイッニッ
いちばん　一等	イッチ

一尾	イッコン
一枚	イッメ
一文の値打もない	イッチャガンモネ
一輪車	ネコグイマ
一切	ナイモケン
一昨日	オッテ
一昨日	オトチ
一昨日	オトテ
一昨日	サッオトテ
一昨々日	セチ
一昨日の	オトチン
一昨日の	オトテン
一昨日の夜	オトテンバン
一升	イッシュ
一生懸命	ヤアレ
一生懸命やる	ハメツクイ
一所懸命	ヤイヤイ
一緒に	イッヂョキ

一緒に　イッドキ
一緒に　ヨロッデ
一緒に行動する　イッドキサルッ
一緒に行動する　テグン
いっそのこと　イッソンコテ
行った　イタ
言った　ツタ
言った　ユタ
行ったが居ない　イッタドンオラン
いったけど　イッタドン
一張羅　イッチャビラ
行って　イタッ
言ってきかせる　教える　イッカセル
行ってきたぞ　イタド
行ってきました　イタッキモシタ
行ってきます　イタッキモンデ
行ってこい　イタッケ
行ってしまう　ハックラン

行ってしまう　ハッチク
行ってしまった　ハックロダ
行ってしまった　ハッヂタ
行ってしまった　ハッテタ
行ってみたら　行ってみろ　イッメ
言ってみな　ユテメ
行ってみろ　イタッミレ
いつでも　イッデン
言っても良い　ユテンヨカ
行ってらっしゃい　イタッキャンセ
いつのまにか　イッノコテ
いつの間にか　インノメ
いつの間にか居ないよ　イッノコメオランド
いつの間に来ましたか　インノメキタトヨ
いっぱい　ガンブイ
いっぱい　一杯　イッペ
一杯飲もうや　イッペノンガ
いつまで　イッズィ

いつまで　イッヂュイ
いつまで寝ているの　イッズイネットカ
いつも　イッデンカッデン
居ずらい　オイニキ
居ずらい　オイニッカ
いつわり　ツクイ
いつわる　タバカイ
糸　ソ
井戸　イガア
井戸　ツリ
居ない　オンサン
田舎者　イナカムン
稲妻　イナビカイ
犬　イン
犬神　インガメ
犬槇　ヒトッバ
稲こぎ　イネコッ
いのち　イノッ

いのる　イノッ
位牌　イヘ
薔薇　イゲバラ
威ばる　イバイ
威張る　ヨカブッ
威張るな　ヨカブッナ
いばる人　オセブイゴロ
いばる人　大人ぶる　オセブル
シビ（魚）　シッノイオ
いびる　イビィ
衣服　着物　イショ
指宿　イブスッ
燻る　フスモッ
異母兄弟姉妹　ハラチゲ
今先　インマサッ
居ます　オンド
居ますか　おいでですか　オイヤスカ
居ますか？　オジャンドカ？

おいでですか　オサジャンソカイ？
いません　オンハンド
居ませんよ　オンサンド
妹　イモッ
妹さん　イモッジョ
イモリ　イモイ
いもり　ナケベシ
いやがらせをする　ヨンゴヲク
賎しい　イゲラシ
賎しい　ギイモネ
いやしん坊　イヤシゴロ
いらっしゃいませ　オサイジャンセ
入り江　イーウン
入口　イートグッ
入口が有った　イートグッガアッタ
入口が無い　イートグッガナカ
炒る　イー
癒る　イナッ

居る　オイ
居る　オッ
居るか？　オイカ？
居るか？　オンナ？
居るだろうか　オンドガ
入れこむ　イッコン
入れ物　イレムン
入れる　イッチルイ
色男　ハイカラオトコ
いろり　ユルイ
囲炉裏　ユルリ
岩　ユワ
祝い　ユエ
祝い事　ユエゴッ
祝う　ユオ
言わぬこと　イワンコッ

(ウ)

植える　ウユッ
浮かぶ　ウカン
浮上がる　ウッキャガッ
うけ口　スケグッ
受け答える　ウケコタユッ
受け取る　ウケトイ
受ける　ウクッ
動かす　イゴカスッ
動く　イゴッ
動く　ウゴッ
うさぎ　ウサッ
うし　ウッ
牛　ベブ
牛馬の筋骨　エダ
氏神様　ウッガンサア
失う　ウンノ

失う　ネゴッナッ
失った　ネゴッナッタ
牛の鼻綱　ハナグイ
牛への掛け声　ヒダヒダ
ウジ虫　ウシ
後　うしろ　ウシト
渦　ギイ
薄い　ウシ
渦が巻く　ギイガモウ
薄気味悪い　キゾンンワイ
うずく　ウズン
薄暗い　ウソグレ
薄黒　ツグロ
うすめる　ウムッ
うすめる　ウムイ
薄笑い　ウスワロ
うそ　ツクイタテゴッ
嘘つき　ウソツッ

嘘つき　嘘をつく人	ウソヒイゴロ
嘘をつく	ウソヲヒッ
うそをつく	ハラヲヒイ
疑い	ウタグイ
疑う	ウタゴ
うたた寝	イドコネ
うたた寝をする	ヒッチネッ
うだる　茹る	イダルイ
打たれる　なぐられる	ウタルッ
打ちあげる	ウッチャグッ
打ちつける	ウッタチクッ
打ち抜く	ツンヌクイ
うちわ	ウッバ
射つ	イッ
打ち上げる(花火など)	ウッチャグイ
美しい	ハクイ
美しい	ミゴチ
美しい女性	ヨカオゴジョ

美しいもの	ミゴッカ
美しく光っていること	キンゴキンゴ
移す	ナユッ
打つぞ	ウッド
売ってこい	ウッケ
うつぼ	キタカ
移る	ウツッ
移る	ナオイ
疎い	ウテ
うとい　気の効かない	ウトカ
疎い　無知な	ウチ
疎い人	ウチワロ
疎いものだ	ウテモンジャ
うなぎ	ウナッ
鰻の幼魚(白州鰻)	ノボイコ
うのみにする	グノン
奪い合う	バカウ
奪い合う	バコ

うぶ毛	ネコゲ
馬	ウンマ
馬	ンマ
上手くなる	ケコガイッ
馬の歩調	コンダ
海	ウン
海は広い	ウンナヒレ
梅	ウンメ
梅	ンメ
梅の木	ンメノッ
埋める	イクッ
埋める	ウムッ
埋める	ウムイ
裏返し	ケシンメ
裏返し	サカシンメ
占い	ウラネ
裏の	ウラン
うらぶれた姿	シオタルイ

瓜	ウイ
売り家	ウイエ
売り方	ウイカタ
売り手	ウイテ
売り場	ウイバ
売り払う	ウッパルッ
売り物	ウイムン
売る	ウイ
売るか？売ってしまおうか	ウイケ
うるさい	ウゼラシ
うるさい	メメギロシ
うるさい	ヤゾロシ
うるさい	セワシネ
うるさい　やかましい	セカラシ
うるさい　やかましい	セガラシ
うるさいよ	ヤカマシガ
うるむ	ホトビッ
ウルメイワシ	ウイメ

熟れた柿　ヅクシ
熟れる　ウルッ
売れる　ウルッ
ウロウロ　ヒョロイヒョロイ
うろうろする　ウロイウロイ
うろこ　イコ
ウロコ　鱗　イラコ
うろたえる　ウロタユイ
うろたえる　トッピヤグルッ
うろたえるさま　バッタイバッタイ
うろつきまわる　ホコッサルッ
うろつくさま　トロイトロイ
うわのそら　ウアンソラ
運　フ
運がきた　ノサッタ
うんともすんとも　ウントンスントン

（エ）

エイ（魚）　エ
映画　カッド
英国のポロと似た競技　ハマナゲ
えがお　エゴ
絵描き　画家　エカッ
駅　エッ
駅長　エッチョ
疫痢　ハラクダシ
えぐい　いがらっぽい　エギ
えぐる　イグイ
えこひいき　エコヒッ
餌　エド
絵好き　エヅッ
えな　胞衣　イヤ
偉そうに　ヨカバッノゴッ
選びまくる　エイタクッ

選ぶ　エイ
えらぶる　ヨカバシ
襟　エイ
襟首　エイクッ
襟まき　エイマッ
宴会　ウッチャゲ
宴会　ノンカタ
宴会　ご馳走　オショヨン
宴会をする　ウッチャゲヲスッ
堰堤・いぜき　カラン
煙突　エントッ
遠方　トオン

（オ）

甥　ウイ
オイオイ（人を呼ぶ）　コラコラ
追いかける　ウカク
追いかける　ウッカクイ
追いかける　ウッカクッ
追い越す　ウッチョク
追い込む　オイコン
美味しい　ウメ
美味しい　ウンメ
美味しい　ンマカ
美味しい　ンメ
美味しいうめ　ウメカウンメ
美味しくない　ウンメネ
置いた　うち捨てた　ウッチェタ
追いつく　ウッツッ
追いつく　エチッ

追いつく　エッツク
置いておく　ウッチョク
おいでくださいませ　オジャイヤッタモンセ
おいでになります　オサジャンサァ
お稲荷さん　イナイサア
お祝いの席　ユエンザ
追う　ウ
負う　ウ
おう　ヤ
おう　ヨオー
横紙破　ヨンゴキッ
黄疸　オダン
横着　オチャッ
横着な野郎　スダワロ
横着者　オチャッモン
嘔吐する　ムッキャグッ
往復　インモドイ
大当たり　ウアタイ

大雨　ウアメ
大雨が来るよ　ウアメガクッド
多い　ウイ
多い　ウエ
多い　ウカ
多い　ウケ
多い　ウワカ
大演説をぶつ　大ボラを吹く　ウッチャグイ
大女　ウオナゴ
大風　強風　ウカゼ
大型　ウガタ
大川　ウカワ
大きい　フテ
大きい　巨大　ウド
大きいこと　フテコッ
大きくなる　フトナッ
大きな　ウドカ
大食い　ウグレ

大口市（地名）	ウクッ
大げさな	ウゼ
大袈裟なことをいう	ソガラシコツユ
大崎（地名）	オサッ
大酒のみ	ジョゴ
大酒のみ	ショチュノンゴロ
大酒飲み	ノンゴロ
おおしけ　暴風雨	ウシケ
大霜	ウジモ
大損	ウゾン
大太鼓	ウテゴ
大太鼓を用いた舞楽踊り	ウデコオドイ
大大根	ウデコン
大樋	ウジ
大通り	ババ
大波	ウナン
大根占（地名）	オネヒメ
オオバコ	オンバク

大風呂敷	ウボラ
大水	ウミッ
大晦日	トイノバン
大晦日	トシノバン
大山	ウヤマ
大笑い	ヒタワレ
お母さん	カカドン
お母さん	カッサァ
おかしい（可笑）	オカシカ
おかしい事	オカシコッ
おかず	シオケ
オガタマの木	インブノッ
お金	ジェン
おから　豆腐がら	キラス
悪寒や発熱すること	ヒエガイッ
沖	オッ
起きた	メガサメタ
起きない	オキラン

起きなさいよ　オキイヤハンカ
沖縄　ジュキュ
沖縄　ヂキュ
お灸　エッ
お灸　エト
お灸は痛い　エトハイタカ
起きろ　オキレ
置き忘れた　ウッチョイタ
置く　オッ
奥様　コジュサア
おくやみ　クヤン
送り届ける　オクイトドクッ
贈り物　オクイモン
送る　オクイ
遅れをとる　アテナッ
おけ　桶　オケバッ
桶屋　タンコ
桶を作る板　クレ

怒る　オコイ
怒る　ハラカク
怒る　ムッナイ
怒るぞ　ガッド
幼なじみ　ムカシナジュン
おさまる　オサマッ
おじ　おば（叔父叔母）　オチキ
惜しい　オシ
惜しい　タシナカ
お祖父さま　ヂサマ
押入れ　ナンド
教えた　イッカセタ
教えてあげる　イッカセックルイ
教える　イッカスイ
教える　ユッカスッ
教えろよ　イッカセンカ
押しかける　オシカクイ
おじけづく　ビッガヒッチ

押し込める　オシコムッ
おじさん　ヂ
お地蔵さん　ヂゾサア
押しつける　オシクッ
押しつける　オスクッ
押し飛ばす　オシトバカス
オシドリ　オシノトイ
惜しむ　オスン
おしめ　シメシ
おしめ　おむつ　ヒタシ
お喋り　シャベクイ
お尻　シィタビラ
お尻　シッタビラ
雄　おす　オン
雄　オンツ
汚水だめ　ツブケ
牡牛　コッテウシ
女性　メタ

牡鶏　テチョドイ
雄鶏　オンドイ
御歳暮　セボ
お世辞屋　エサッジン
お膳拭き　オゼンフッ
遅い　オシ
遅い　オセ
遅いものだ　オシモンジャ
遅くなった　オセナッタ
遅くなる　オスナッ
おそろしい　オジ
おそろしい　オゼ
おそろしい　オトロシ
おたふく風邪　ボバレ
おそろしい　コワカ
落ちた　アエタ
落ちた　オテタ
落ちた　ヒッチャエタ

落ちた	ヘッタ
落ちた　滑った	ズンベッタ
落ちてしまった	ホタイオテタ
落穂	オッボ
お茶好き	チャクレ
落ちる	アユッ
落ちる	アユイ
落ちる	ケオツッ
落ちる	チオツッ
落ちる	ヒッチオツイ
落ちる	ヒッチャユッ
落ちる	ヒッチャルッ
落ちる	ホタイオツッ
おつかれさま	オヤットサァ
お月様	ツッドン
おっくぅ	クイナッ
追った	ウタ
夫	ヤドンシ

おでき	チョ
おでき	ネット
おでこ　額のでた	ズッデコ
お転婆	イナバ
お父さん	オトッサン
弟	オトッ
弟さん	オトッジョ
おどかされる	オヤサルッ
おどかされる	ドヤサルッ
男	ヲトコ
男の蔑称　～坊	ボー
男ぶり	ニセブイ
男やもめ	ヤマメ
音沙汰なしという表現	ントンスントン
大人	オセ
大人びた	オセラシ
音のしない屁	スヌッペ
踊り	オドイ

踊る	オドッ
おどろいた	ヒッタマガッタ
おどろく　びっくり	タマガッ
おどろくほど	ワザイシコ
おどろくほど	ワゼシコ
同じ	グワィ
同じ	トントン
同じ	ヒトシコ
同じぐらい	オンナシコッ
鬼	オン
お似合いです	ニヨチョライ
オニヤンマ	キリシマヤケシ
斧	ヨキ
斧	ヨッ
おのれ	ワガ
お婆	ウンボ
お祖母さん	オバッサン
おばけ	ガゴ

おばけ	バケムン
おばけ	メンドン
おばけ	モレ
おばさん	オバジョ
おばさん	オバハン
牡牛	メタ
おはようございます	ハヨゴワンナー
おはらい	ミスッバレ
帯	オッ
ご飯杓子	メシゲ
おべっかい	メシュトイ
ご機嫌とり	メストイ
おぼつかぬ	オボッカネ
おまえ	ワイ
お前	ワッコ
おまえ（目下へ）	アッコ
おまえたち	ワイタッ
おまえたち	ンドン

おまえたちに	ワイドメ
おまえたちは	ワイドマ
おまえたちは（目下へ）	アッコタチャ
お前は	ワヤ
お待ちしていました	マッチャゲモシタ
おべっかいをいう	メシュヲトッ
重い	オビ
重い	オブカ
重い	オミ
思い浮かべる	オメウカン
思いがけず	オメガケンノウ
思いがけず	オモガケンノ
思いがけない	トキナラン
思いがけないこと	ツガンネヒコ
思いきり	オメキィ
思いきり　落着く	オテチッ
思い切る	トイキッ
思いこむ	オメコン

重い品物	オビシナムン
思い出す	メモセ
思いっきり	ウッチャゲハイアゲ
思いつく	オメチッ
面白い	オモシトカ
面白い人	オモシテヤッ
思った通りに	オモタゴッ
思った通りにいかない	オモタゴッイカン
思っている	オモチョッ
母屋	アラケ
母屋	トジュ
親父みたいだ	オヤッノゴッジャ
泳ぐ	オヨッ
おられますか	オサイジャスカ?
おられますか?	オジャスカ?
おられますよ	オイヤンド
おられますよ	オジャンド
おられません	オジャハン

おられませんか	オイヤハンカ
折り合いが良い	ハガオ
折り合いが悪い	ハガオワン
折り紙	オイガン
お利口さん	テンガラモン
おりこうさん（幼児語）	テンテン
折り詰め	オイヅメ
おりません	オイモハン
おりませんよ	オイモハンド
織物	オイムン
降りる	オイッ
折る	ウッゴッ
折る	オッ
折る	ツンオッ
折る	ツンゴッ
俺	オイドン
俺　自分	オイ
御礼	ゴレ

俺は	オイドマ
折れる	ウッゴルイ
折れる	オルッ
折れる	ツンボルッ
お別れ　いとまごい	イトマゲ
終わった	オエタ
終わり	アガイ
終わる	オワイ
音頭	オンヅ
音頭取り	カシタドイ
女　女性	オナゴ
女の人たち	オナゴンシ

(カ)

蝦	エッ
か	ヤ
か	ヤオ
蛾	ブト
貝	ベ
貝がら	ケガラ
海岸	ガンギ
外観	フ
カイコ　蚕	ゲゴ
カイコ　蚕	ゲゴジョ
がい骨	サネコッ
開墾地	ヤマジアケ
会社	カイサ
会社	クヮイシャ
貝	ケ
買い	ケ

会食	ハギ
会食	ハツ
海水浴のこと	ミッヂャビィ
書いた	ケタ
階段	キザ
蛔虫	ケチョ
買手	コテ
貝のレイシ	コシュミナ
買いました	コモシタ
買いましょう	コモソ
買いましょう	コモンソ
海綿	ナンノハナ
外来語	ヨソモン
返す	カヤス
かえって	カエッチャ
帰り	モドイ
帰り早々	モドイモドイ
返る	カエッ

換える	カユッ
蛙	ドンコビッ
蛙	ビッ
蛙	ビッチョ
帰る	ヒンモドッ
帰る	ホタイモドッ
帰ろうよ	ヒンモドイガ
顔色	イロヒッ
顔色	ヒッ
顔色が悪い	イロヒッガワリ
顔がほてる	ホーホスッ
顔つき	ガンツッ
香りをかぐ	カズン
かかし	オドシ
鏡	カガン
鏡餅	カガンモッ
係りあうな	カカイヨナ
かかりつけ	カカイツケ

かかわり　関係	カカイ
餓鬼	ガッ
掻きソバ（蕎麦）	カッゾマ
書き散らす	カッチラス
嗅ぎつける	カヅッツケッ
書きなぐる	カッタクッ
垣根	カッネ
垣根	カベ
垣根	ヤネガッ
カキのヘタ	エンザ
柿	カッ
かきまわす	アセクィ・アセクッ
掻きむしる	カッチラカス
かき餅	コワモチ
鍵をかける	ジョカギュコ
掻く	カカジィ
嗅ぐ	カズム
覚悟	カッゴ

学生	ガッコンコ
隠れる	カクルッ
かくれんぼ	カクレゴ
かけ竿	ナラシ
掛け合う	カケオ
かげぐち	ヨコゴロ
かけ声	シッサァロ
かけ声	チェスト
賭け事	カケゴッ
掛軸	カケモン
かけっこ	ハシイグラゴ
影法師	カゲヤンブシ
影法師	カゲボシ
掛ける	カクッ
欠ける	カグッ
欠ける	ヒッカグッ
篭　手かご	テゴ
鹿児島（地名）	カゴッマ

鹿児島オハラ節	ヤッサブシ
鹿児島原産の大型スモモ	ハダンキョ
鹿児島民謡の一つ	ハンヤブシ
篭の枕崎（地名）	カゴンマッラザッ
風車	カゼグイマ
かさぶた	カサブッ
かさぶた	モノンツ
飾り	カザイ
菓子	ゲタンハ
菓子	モヒコガシ
家事	クヮシ
かしこい	エズイ
賢い	カシケ
賢い	トッキタ
貸して下さい	カッシャイ
貸して下さいませんか	カッシャハンカ
貸す	カッシャグ
霞	カスン

かすむ　カスン
かすりの着物　カスイ
借せる　カスイ
風邪をひく（ひいた人）　カゼヒッ
数える　カズユッ
数える　カンズィ
数えること　カンゼカタ
家族内　親類縁者　エウッ
片足とび　イッチョチンゲ
片足とび　カタケンケン
かたい　カテ
片一方　カテッポ
かたい話　カテハナッ
固い糞　キダゴロ
かたくり粉　カタクイ
堅苦しい　ミゴエ
肩車　ビビンコ
肩こり　ヘッ

片付ける　コバムッ
片ちんば　不つりあい　カタカタ
片付かない　サバケン
片付ける　カタヅクイ
片付ける　トイヤッム
かたっぱしから　カットシュ
刀　カッナ
かたまり　カタマイ
かたまり　ゴロッタ
傾いた　カタビタ
傾むく　ヒッカタビク
傾く　ヒッカタビッ
傾ける　カタブクイ
語り　カタイ
語る　カタイ
家畜を屠殺する所　トサッバ
勝つ　カッ
勝つ　カヌ

勝つ　カノ
担いだ　イノタ
がっかりする　グワッサイスッ
担ぎカゴ　イネテゴ
担ぐ　イノ
担ぐ　カタグッ
かつぐ　カタゲル
担ぐ　ヒッカタグイ
担ぐ人　イネテ
格好　ヒン
格好が良い　ヒンガヨカ
格好が悪い　ヒンガワリ
学校をさぼること　ヤマガッコ
かつぞ　カッド
買った　コタ
買ったなら　コモセバ
買って　コッセエ
買ってきた　コッキタ

買ってくる　コック
勝って自由に　カッテシデ
河童　ガラッパ
家内　女房　ウッカタ
金具　カナッ
悲しい　カナヒカ
悲しい　切ない　セッナカ
悲しみにしずむ　シオタルイ
彼処へ　アスキ
彼処へ　アッコセェ
彼方へ　アッセエ
かなづち　カナヅツ
蟹　ガニ
蟹　ガネ
カニサボテン　ガネラン
金竹　キンチョッダケ
かねて　カネッ
金のたらい　カナダレ

金持ち　ゼンモッ
金持ち　ブゲンシャ
化膿汁　ウン
かび　カッ
かびがはえる　カッガネッ
カブ　カッ
かぶせる　カッスッ
被せる　カブスッ
かぶる　カンムッ
かぶる笠　タカランバッチョ
かぶれる　マクッ
貨幣　ドロ
かぼちゃ　ボブラ
かまきり　オンガメ
カマス　俵　カマゲ
かまど　フロ
かまぼこ　イタツケ
かまわない　カンマン

かまわない　カンメ
かまわないで　カメヤッナ
かまわないよ　カンマンド
我慢くらべ　キバイキランコ
我慢しなさい　コラエヤン
我慢する　許す　がんばる　キバル
神　カン
紙　カン
上　カン
髪　カン
噛み切る　カンキッ
噛み潰す　カンジビッ
噛みくだく　食い散らす　カンタクイ
紙こより　ヒネイコ
神様　カンサァ
上水流（地名・姓）　カンズイ
かみそり　ソイ
神棚　カンダナ

噛みつく	カンチッ
噛みつく	カンツッ
紙包	カンツヅツン
雷	カンナイドン
雷	カンナレ
雷	カンワレ
神主	カンヌッ
神主	ホイサァ
神舞い	カンメ
噛む	カン
がむしゃらに	ムクロイッ
かめ	ハンヅ
カメムシ	フ
かゆい	カイ
通い	ケ
通っている	カエチョッ
から	デ
辛い	カラカ

辛い	カレ
唐芋	カンモ
からかいだます	チョクラカスッ
からかう	オチョクッ
からかう	チョクッ
からかう	ヒョクッ
からかう	ボヤカス
韓国岳	カラクイダケ
絡げる	カラクッ
カラスウリ	クソゴイ
からだの具合が悪い	シカッナカ
仮	カイ
借りに	カイケ
仮に	カイニ
借りまくる	カイタクッ
借りる	カイ
借りる	カリッ
刈る	ツン

軽い	カイ
軽い	カリ
軽い	カルカ
軽石	ガイシ
カルタ	カッタ
軽業	カイワザ
彼	アイ
カレイ（魚）	カレ
枯れた小枝	ベラ
枯れてしまった	ヒッカレタ
彼に	アイセェ
彼の物	アイノモン
枯れる	ケカルッ
枯れる	ヒッカルイ
側	ネキ
かわいい	ミジョカ
かわいい	ムジ
かわいい	ムジョカ

かわいい	ムゼ
かわいい	モジョカ
かわいい	モゼ
かわいい	モゾンカ
かわいがる	ムジョガル
かわいがる	モゾガッ
かわいくない	ムゼナカ
かわいそう	グラシ
かわいそう	ムイナカ
かわいそう	ムイネカ
かわいそう	ムヒナカ
かわいそうだね	グラシカネ
乾いた	カウェタ
乾いた	カエタ
川えび	ダッマエッ
乾かす	ヒボカス
乾く	コラッ
カワセミ	カワビッショ

皮などがむける　ツンムクイ
川に入る　カヱヘッ
川の端　カワンツイ
馬面剥　ベトコン
河豚　フットン
河原　コラ
変わる　カワッ
かわるがわる　交互に　カタイゴッ
皮をむく　ムッ
考え方　カンゲカタ
考え事　カンゲゴッ
考えつく　カンゲツッ
考え直す　カンゲナオシ
考えましたか　カンゲタカ?
考え間違い　カンゲマッゲ
考えもなく　カンゲナシ
考える　カングッ
考え　カンゲ

眼球　メンツンタマ
関係　カカイヨ
頑固　イッコッ
監獄　ヅヤ
頑固者　イッコッモン
慣習　ナレ
勘定　カンジョ
頑丈な　ガンジュナ
頑丈　ガンジョ
間食　ハダグイ
乾田　ムッタ
寒竹　ゴゼダケ
貫通する　ツッボガス
噛んで　カンタクッ
かんな　カナ
かんな屑　カナクッ
鉋屑　カンナクッ
堪忍して下さい　オコライヤッタモセ

観音様参り	クヮンノンサアメイ
頑張り切れない	キバイキラン
頑張る	キバッ
頑張れ	キバレ
看病	カビョ
眼病	インノメ
顔面	ツラ
顔面の広い人	ヒラグヮチョ

（キ）

効いた	キケタ
効いた	キタ
切餅	クイノモッ
黄色い	キ
黄色	キイ
黄色い	キカ
消えてしまった	ヒッキエタ
消える	キュッ
消える	ケキユイ
消える	ヌナッ
消える	ヒッキユッ
記憶	ウツイ
記憶を失う	オボエンゴッナッ
気が合わない	ガッショッ
気がきかない	ボヤシ
きかん坊	キカンタロウ

聴きづらい	キッニキ
聞きません	キッモハン
効きません	キッモハン
聞く	キッ
効く	キッ
菊の花	キッノハナ
キクラゲ	キクラ
キクラゲ	ミンナバ
気候	ハダモッ
木こり	コビッドン
木こりの家	コビッドンゲエ
貴様ッという怒声	ウナ
岸	ギシ
雉	キシノトイ
気丈な	キジョンナ
傷	キッ
季節変り	セッガワイ
着せる	キスッ

木ゾリ(材木を運ぶ)	ソイ
北風	クダイカゼ
きたない	ウゼラシ
汚い	キッサナカ
汚い音の屁	マンヂュベ
汚い人	ヨゴレ
きたない奴	クッサレ
汚い奴	ミトナシゴロ
気違い　狂人	キッゲ
気違い日和り	キッゲビヨイ
貴重な品を	タシナカモンノ
きちんと	キチンキチン
きちんと	キント
きつい	キシカ
きつい	キチ
きつい	キッカ
きつい　つかれる	キッテセ
煙管	キセイ

乞食　クワンジン
乞食　モレ
ぎっしり　ギッシイ
キツツキ　キツクジイ
きっと　必ず　センガセン
きつね　キッネ
祈祷　キト
祈祷師　ホシャドン
気取る　ヨカマネヲスッ
着ない　キラン
きなくさい　キナクセ
絹衣裳　キンノイショ
気の効いた　利口な　コダ
キノコ　ナバ
木の高い部分　キノソラ
気の毒なこと　ギヤホンネコッ
木場　コバ
木履下駄　ボックイゲタ

厳しい　ヤカマシ
気前がいい　キモガキルッ
来ます　キモス
決まり　キマイ
君　ハン
決めつける　キメツクイ
気持ち　キモッ
気持ちが　キッガ
気持ちが悪い　オテツッガワリ
気持ちが悪い　キッガワリ
気持ちがわるい　キモッガワリ
着物　キィモン
着物　ベンベン
着物　ゴフッ
着物　衣服　キモン
着物を繕う　フスッ
疑問の最後に用いる　ト
木や竹の先端　ヅキ

ギャンブル好き　バクッゴロ
旧士族部落　フモト
牛車（祭礼のもの）　ダシ
牛車（実用のもの）　ダシグイマ
急に　ハタッ
今日　キュ
境界　さかい　サケ
驚愕の時の声　ウエー
行司　ギョシ
狂人　シンケイ
行水　アレ
行水　ユアビッ
強制する　押しつける　オシクイ
兄弟　キョデ
器用な人　ヂクナヒト
強飯　コシッノメシ
強飯　ゴック
共有物　ヨロッモン

許可　コトワィ
嫌う　キロ
気楽に　ユルイト
霧　キイ
桐　キイ
義理　ギイ
キリ・錐　イー
義理堅い　ギイガテ
義理堅い　ムッカシコッ
義理堅いことをしなさんな　ムッカシコツシャンナ
義理固い人　カタシト
義理堅い人　カテシト
ぎりぎり　ギィギィ
義理交際　ギイハイ
切大根　キイデコン
切りにくい　キッニキ
きりょうよし　メメンヨカ
義理を重んじる　カテ

切る	キイ
着る	キィ
切る	フッキッ
綺麗	キリ
綺麗	キレ
きれい好きなひと	キレゴロンシャ
綺麗な人	キレイカヒト
切れっぱし	キッパシ
記録	キロッ
議論がかみ合わない	ロンチゲ
近海	ヘタ
筋骨	エダボネ
近日中に	チケウチ
近所つき合い	キンジョヅッケ
金銭	ゼンカネ
金蝿	キンベ
金蝿	クソベ

（ク）

具合・あんばい	アンベ
具合が悪い	アンベガワリ
食いしん坊	イヤシゴロ
食い散らす	クチラカスッ
食いつく	クイチッ
食い逃げ	クニゲ
食い物	クムン
食う	ク
食う	トイクロ
空洞のある丸太	ホタ
空腹な様子	ショッギレ
釘	カナクッ
釘	クッ
釘抜き	クッヌッ
括る	ククッ
くくる	クビッ

括る　コビッ
くさい　クッサカ
草木が茂る　ホコイ
腐る　ヒンネマイ
腐る　腐れる　クッサルッ
腐れる　ケクサルッ
くしゃくしゃに揉む　モモジイタクッ
くしゃみ　クセン
ぐず　愚図　内気者　イメジン
くすぐったい　ゴソバイ
くすぐる　コスグッ
くすぐる　コソグッ
くすぐる　ツクジッ
薬代　ヤッデ
薬代の集金人　ヤッデトイ
くずれる　クユツ
崩れる　ツックユッ
ください　クイヤィ

ください　クイヤンセ
ください　タモンセ
ください　ヤイモンセ
くださいませんか　タモハンカ
くたびれる　ダルイ
くだらない　ホノシレン
くだらない　ヨモシレン
くだらない　余計な　イシレン
くだらないことをするな　イシレンコツスンナ
口　クッ
口答え　フテコッ
口ごたえする　ユクイカヤス
くちばし　クッバシ
唇　スバ
口笛　ウソ
口笛　ハト
靴　クッ
グッタリする　グッナッ

グッタリする　グニャ
くっつける　ウッタチクイ
くっつける　ウッタツクッ
クツワムシ　クダマキ
くどい　クヂ
くどい　クデ
くどい　シックデ
クヌギ　クヌッ
クネンボミカン　キンクネッ
首　クッ
首　トックイ
首飾り　クッカザイ
首つり　クッキビィ
首つり　クッツイ
凹む　クボン
クマゼミ　クマセッ
組む　クン
汲む　クン

くも　コッ
クモノ巣　コッノヤネ
曇り日　クモイビ
くやしい　ハガイ
悔む　クヤン
供養　クヨ
暗い　クラカ
暗い　クレ
位　くらい　クレ
食らいつく　クレチッ
クラゲ　水母　イラ
暮らしがよい　クイガヨカ
比べ　クラゴ
くらやみ　クラスン
暗闇　ヤングラスン
栗　クイ
繰り合わせ　クイヤアセ
来る　オジャッ

来る	メイヤグッ
来るか?	クイケ?
来るか?	クッカ?
来るか?	クンナ?
苦しみもがく	バタグル
来るぞ	クッド
ぐるっとまわる	グルイト
来るな	クンナ
車　自動車	クイマ
くれる	クルッ
くれる　あげる	クルイ
黒い	クリ
黒い	クレ
黒い	クロカ
黒鯛	チンノイオ
加える　仲間にする	カタス
桑の木	クヮノッ
加わろうや	カタッガ

（ケ）

警官	ジュンササア
稽古	ケコ
計算高い	コマシカ
計算	サンニョ
形式	ケイシッ
ケイトウ	マンダラ
競馬	ハヤマ
継父	ママトト
継母	アトカカ
継母	ママカカ
軽量器	チキイ
軽量器	ハカイ
痙攣	ヒッツイ
激怒する	ハラガニエクイカアッ
結局のところ	トドンツマイ
消炭	キヤスン

化粧	ケショ
化粧道具	ケショドッ
消す	キヤス
消す	キヤカス
削る	ケズィ
けだもの	ケダムン
けだもの	ケダモン
けち　こずるい	コシ
蹴ちらす	ケイタクイ
けちる	ケチッ
けちんぼ	シブチンゴロ
けちんぼ	ニギイゴロ
けちんぼ　意地の悪い	イミシ
結核	ナガッノビョ
結局	ツマイノハテ
結婚式	ゴゼムケ
結婚式後のパーティ	ゴゼンケジョユ
結婚式後のパーティ	ゴゼンケユエ

血統	チスッ
けつまずく	イットクッ
下品な	ゲザラシ
毛虫	ヒゲムン
毛虫	ホジョ
煙る	スモッ
下痢	ヒッカブイ
蹴りあげる	ケイアグッ
蹴り込め	ケイコメ
蹴り倒す	ケイタオスッ
蹴り出せ	ケイダセ
蹴りつける	ケイタクッ
蹴る	ケイ
けれども	ジャヒドン
喧嘩	イサケ
玄関	アガイクッ
拳骨	トッコ
軒びさし	オダレ

（コ）

来い　ケ
こいつに　コンテ
恋仲　ヨカナカ
幸運　フガエ
幸運　フガヨカ
睾丸　キンゴロ
睾丸　マラ
後継者　アトトイ
高原　ハイ
交際　ツッケ
交叉点　ジモシンカド
子牛　ベブンコ
こうじ　コシ
小路　シュッ
高所　高見　タコン
好色男　オナゴスッ

口銭かせぎ　コセントイ
コウゾの木　カッガラ
後退　アトスザイ
後退　シイサガイ
交代で　かわりばんこ　カタイグチ
後頭部　ボロッタ
小うなぎ　ジャン
勾配　傾斜　コベ
香ばしい　カバシ
公憤　ウゼケンバラ
公憤する　セケンバラガキワィ
コウモリ　コモイ
こうもり傘　ダンガサ
肛門　シィノス
膏薬　コヤッ
甲羅　ツ
こうるさい　テガマシ
肥えてい人　ダンビ

小男　コジックィ
小男　コマンチロ
コオロギ　ギメ
五月節句に出す宝船の車　ハセグイマ
こがねぐも　ヤッデッ
コガネムシ　アブラムシ
ホホジロ（鳥）　メジロ
小刻みにきざむ　コダクイ
ごきぶり　アマメ
漕ぐ　コッ
ご苦労様　ゴヤトサア
ご苦労な　ゴナンギサアナ
焦げ飯　ヘンコ
五合　ゴンゴ
小言　グゼゴツ
小言　ジジラ
こごと　小さなこと　コマゴッ
小言をいう　ジジラヲホッ

心細い　キボソカ
快い　キモッガエ
後妻　アトウッカタ
小作業を頼む　コソクイヲタノン
小雨　チアメ
乞食　ハッチラッ
腰巻き　コシマッ
おはじき　メダマ
腰巻き　メンダレ
腰巻　下着　シタモン
見つける　メシクッ
梢　キノウレ
五節句など古い祝日　オイメセッニッ
小銭　コメト
小僧　コズ
こそどろ　小盗　コヌスット
こそばゆい　くすぐったい　コスワイカ
小鯛　コデ

小太鼓	コデコ
こたつを買った	コタッヲコタ
こたえる	コタユッ
ごたごた	ヤッサモッサ
こたつ	コタッ
御馳走	ゴッソ
こちらへ	コッセエ
こっそり	コッソイ
小包	コンツン
子供	コドン
子供	ヤボ
子供じみた	コドンコドンシタ
小鳥	チッチ
来ない	コネ
来ないか	コネヤ
来ないか	コンネ
来ないだろう	クイメ
来ないって	コンツア

来ないのですか?	コントナ?
小生意気	ケスィ
小生意気な奴	ケスイバッチョ
粉をひく	コヲハタク
こんにちわ	チャラガシタ
こねる	コネクッ
此の	コン
この方　この人	コノッサア
この頃	コノゴイ
この次は	コンツッ
此処	コントコイ
この人たち	コンシ
このまえ	コネダ
この前	コンマエ
小馬鹿者	ヌケタン
御飯	ゴゼン
こびりついた	コバイチタ
こびりつく	コバイチッ

呉服屋　ゴフッキャ
御無礼な　失礼な　ゴブレサァナ
ごぼう　ゴボ
毀れる　チュックエッ
五枚　ゴンメ
細かい　コマカ
細まごま　コマゴマッ
困る　コマッ
困るね　コマンナァ
ゴミ　ゴン
こみ合う　セッキョ
ゴミ溜め　ゴンダメ
ごみ箱　ゴンバコ
ごみ払い　ゴンハレ
混む　コン
ゴム　ギッタ
小麦　コムッ
虚無僧　コモゾ

ゴムマリ　ギッタマイ
米あげザル　イジョケ
米袋　コンツン
ごめん下さい　ゴジャンスカ
ごめんなさい　ゴメンナッタモシ
子持ち　コモッ
小餅　コモッ
子守　コモイ
子守　モイノコ
御用　ゴユ
暦　コヨン
来られた　キヤシタ
来られた　キヤッタ
ごらんなさい　オミヤン
ごらんなさい　オンミャンセ
これだけ　コシコ
これだけしか無いですか　コシコシカナカカ
これですか?　コイナ?

これに　コリ
これは　コンタ
これはこれは　ンニャンニャ
これを　コユ
これを　コント
転がす　コロバカス
転がす　マクッ
転がす　マクラカスッ
転げ回る　コロゲマクッ
殺してしまえ　ウッコロセ
殺せ　ケコロセ
転ぶ　クリッタン
転ぶ　ケコロッ
転ぶ　コルッ
転ぶ　ハントクッ
転ぶ　ヒンコロッ
転ぶ　ころりと　コロッ
転んだ　ケコロダ

転んだ　コルダ
転んだ　コロダ
転んだ　ヒッコロタ
怖い　オソロシカ
怖い　ワザイ
こわい　すくむ　セクッ
こわかった　セケタ
恐がって話す　オロオロ・ユ
恐がる　オジガイ
こわした　ウッガッタ
こわす　ウックヤス
こわす　ウックワス
こわす　クヤス
こわばる　サッバッ
こわれてしまった　グヮラッナッタ
こわれる　ウッガルッ
壊れる　ケクユイ
壊れる　ツックヤス

根気　アヤ
根気がなくなった　アヤガネ
混雑する　セッ
根性　コンジョ
根性　ショネ
根性　ネシュ
根性がない　ジョガネ
今度まで　コンドギィ
今日は　コンチア
こんにゃく　コンニャッ
昆布　コッ
昆布　コブ
紺屋　染物屋　クヤ
今夜　コンニャ
婚礼　ヨメジョモレ

（サ）

さい　ヤン
西郷隆盛　セゴドン
財産　地位のある人　ヨカシ
菜種　タネカッ
最初に　先ず　イッバンニ
催促　セソク
催促　セヅク
咲いた　セタ
さえずり声　タックワ
座頭　ザッツ
さかずき　チョク
下がってしまって　ヒックダッセエ
魚　イオ
魚　イヨ
魚　ヨ
魚売り　イオウイ

魚が沢山いる　イオガドッサイオッ
魚臭い　ヒエクッサカ
魚は要りませんか　ブエンナイランカヨ
魚を食べる　イヨヲカン
下がる　クダッ
下がる　ヒックダイ
左官　シャカン
旺んである　ワイワイスッ
先程　イマサッ
昨日　キニヨ
昨日　キノ
昨日　先日　キノッテ
昨夜　ユベ
昨夜　ヨンベ
酒飲み　サケクレ
叫び回る　オラッタクッ
叫ぶ　オメッ
叫ぶ　オラブ

避ける　ヨクイ
酒類のカン瓶　カンジョカ
ささくれ　サッムクレ
サザンカ　ヒメガタシ
刺　キ
差し上げましょう　アゲンソ
差し上げる　アグッ
差上げる　マアスイ
差し上げる　マラスル
差し上げる　メラスッ
座敷　ザナカ
指図　ゲツ
差し支え　ツケ
差し支えない　ツカアネ
差し支えない　ツケアネ
皐月　躑躅　サツッ
雑談　ウゼケンバナシ
雑に　ザッペラッ

薩摩揚げ	ツケアゲ
さつまいも	カライモ
薩摩鶏	サツマドイ
さてぼつぼつ	チンチンボッボッ
里芋の茎	イモガラボット
砂糖キビ	サトキッ
さなぎ	サナッ
捌ける	サバクイ
寂しい	トゼンネカ
さびしがり屋	トゼンネカボ
寂しくない	サビスナカ
錆びる	サッガクロ
ザボン	ボンタン
ざまあみろ	ザマヲメ
寒い	サミ
寒い	サンカ
寒い	ヒユッ
覚める	サムッ

さようなら	サィナァ
さようなら	ソイナラ
さようなら	ホイナァ
さようなら	マタゴアンソ
再来月	サデゲッ
再来月	サレゲツ
再来年	サデセン
再来年	サレネン
猿	ヨモ
ザル	ショケ
ザル	ソケ
猿股	サイマタ
ざわざわ	ザワイザワイ
さわらない	カカラン
さわらない	サアハン
さわらない	サワハン
さわりまくる	アッコチラス
さわる	カカイ

さわる　サワッ
さわる　ホタッ
さわる　機嫌をとる　タタジッ
さわる　触る　ツッカカイ
さわるな　カカッナ
参詣　モノメイ
三光鳥　サンクオドイ
三下がり（鹿児島民謡の一つ）　サンサガイ
三々九度の盃　サンゴンサカヅッ
三十才以上の男子　サンゼ
山椒　サンシュ
散弾　バラッダマ
山頂　ヤマンチョッペン
産婆　サンバドン
散発する　ビンタヲツン
残飯　ニゴイ
山伏　ヤンブシ
三里　サンジ

（シ）

仕合う　シアッ
シイの木　シ
シイの木　シノッ
シイの実　コジ
シイの実　コジュ
シイラ（魚）　マンビキ
塩からい　シオハイ
仕置き　シオッ
潮どき　シオドッ
塩を入れておくザル　シオゲ
鹿　カノシシ
資格がない　シカッガネ
仕かけ　カラクイ
しかし　ヂャッドン
しかし　バッチェン
しかし　そうはいっても　ジャッドン

仕方がない	シカッガネ
叱られた	ガラレタ
叱りとばす	ガイタクッ
叱りとばす	クルタクッ
叱りとばす	クロタクッ
叱る	ガイ
叱る	ガッ
叱る	クル
時間がかかる	ネンガイッ
敷網	シッキャン
敷居	シキ
敷き写し	シケウツシ
時期遅れ	サントッサガイ
しくじる	ヤイソコヌ
敷くもの	スケモン
繁る	シコッ
仕事着	ジバン
自在鉤	ジセカッ

地縛	チチクサ
シジミ貝	スズメゲ
地震	ナエ
しずく	シズッ
雫	シヅッ
しずく	シュヅッ
沈む	シズン
私生児	ヨベコ
しそこなった	シハジタ
下	ヒタ
舌	ベロ
シダ	ヘゴ
したいな	スゴッアッ
従う	シタゴ
自宅	ヤド
下地	ヒタッ
親しい	シタシカ
したなら	シタヤ

～したり	ナシタイ
質屋	ヒッチャ
歯痛（酸性のもので痛む場合）	スビク
しっかり	シカッ
しっかり	ハシト
漆器	ヌイモン
しっくい	シッキ
しっくい	シック
じっくり	ユウ
躾	シッケ
質素	ツマシ
湿田	ムタ
知ったかぶり	ヒツチョイカブイ
知った振り	シッタカブィ
湿地	シケツ
知っていますよ	シッチョンド
知っている	シッチョ
知っているふり	シッチョイマネ

失敗した	グヮエタ
失敗した	シモタ
失敗する	ヤイクユッ
しっぽ	シイボ
して置く	ヒチョッ
して下さい	シャッタモ
して下さい	シヤッタモンセ
しても	シテン
ひどい目にあう	フテミヨ
しないだろう	スィメ
しないでおこう	スンメ
しないでおこう	センメ
しなさい	シャンセ
しなさい	センカイ
しなさいよ	シャン
しなびれる	シナビッ
しに行く	シケイッ
死人	シンダモン

死ぬ　ケシン
死ぬ　ホタイシン
死ぬようなひどい目に　ケシンメ
死ぬようなひどい目にあった　ケシンメオタ
芝居　シバヤ
支払い　シハル
支払う　シハル
しばらくして　サントッ
しばりつける　クビイツケッ
しばる　キビィ
しぶい　シビ
しぶい　シブカ
しぶ柿　シッカッ
シブ抜きをした柿のこと　アオシガッ
シブを抜く　アオス
自分自身　ワイワレ
自分自身　ワガマエ
自分の家　ワガエ

仕放題　ヤイホンデ
しぼりかす　スメカス
縞鰺（魚）　ゼンメ
姉妹　オナゴキョデ
しまう　ナオス
しましょう　シモンソ
します　シモス
しますか？　スッネ？
しましょう　シモソ
しますから　シモンデ
〜しましたら　シモシタヤ
〜しましよう　モソ
しませんか　しなさいよ　シヤハンカ
始末　シマッ
しまった　イシタハラ
シマッタ！　チョッシモタ
始末におえない　テスケクヮン
自慢　いばる　誇る　オゴイ

自慢する　ホラを吹く	ギラヲカヤス
染み	シュン
清水	シミッ
しみる	シュン
湿って	シケッ
しめなわ	シメカザィ
湿る	シメッ
地面	ジダ
下座敷	ナカエ
霜柱	シモバシタ
しもやけ	シモバレ
霜焼けする	ヒッカキルッ
じゃがいも	ジャガタ
しゃがむ	カゴム
しゃがむ	シャガン
しゃがむ	シャゴン
尺	シャッ
杓子	ケジャクシ

しゃくる	シャクイ
しゃっきりしない	シカッネ
しゃにむに	シャイガモイガ
しゃぶる	スアブッ
しゃぶる　かじる	カブジッ
邪魔になる	ジャメナッ
邪魔になる	マジナッ
三味線	サンセン
三味線	シャンセン
三味線弾き	サンセンヒッドン
しゃもじ	メイゲ
砂利	ザィ
手淫	セズイカッ
衆	シ
十	ジュ
収穫	トイアゲ
秋蚕	アッゴ
十三夜	コジュゴヤ

囚人	チョレツ
自由な気ままなさま	ホイホイ
醜面	シクヮツラ
十文字	ジモシ
修理	シュイ
修理　小作業	コソクイ
酒宴	マツイカタ
種子	サネ
主人	トノジョ
借金	サッセン
出産	ヨロコッ
出発	ウッタッ
樹木	ノッ
シュロの木	シロ
春菊	シンギッ
女陰	ボボ
女陰	マンジュ
しよう	ソ

ショウガ	ショガ
正月	ショガッ
正月のあいさつ	ワコオナイヤシツロ
蒸気	ホメッ
上気する	ケアガッ
障子	ショシ
正直	ショジッ
正直な人	ショジッナヤッ
上手	ジッ
冗談	ハラグレ
冗談	ワヤッ
冗談をする	ハラグレヲスッ
焼酎	ショーツ
焼酎	ソツ
焼酎が強い	カラカ
焼酎が強い	カレ
焼酎を入れる燗びん	カラカラ
焼酎を入れる土瓶	クロジョカ

衝突	ツッアタイ
少年	チゴ
ジョウビタキ（鳥）	ヒンカツ
丈夫	ジョッ
小便	シビン
小便が激しく出る	ミガシボッ
小便たれ	シビンヒッカブィ
小便たれ	シベンヒッカブイ
小便をもらす	シカブッ
小便を漏らす	シッカブッ
錠前	カッガネ
醤油	ショイ
醤油	ソィ
食あたり	ショッショ
食後早々	タモイタモイ
食物がくさる	ネマッ
徐々に	ボッボッ
おべんちゃらいい	メストイゴロ

女性	メラ
女性（卑下したことば）	オナメベブ
食器（家畜用）	ハンギイ
女郎ぐも　こがねぐも	ヤマコッ
白髪	シタガ
白髪	シタゲ
知らない	シタン
知らない	ヒタン
知らない振り	シレッ
知らない振りをしている	シレッシチョッ
シラミ	ゴラ
シラミ	シタメ
シラミ	ヒタメ
シラミ	シラン
尻	シイ
知り合い	シイアイ
知り合って	シイアッテ
知りません	シィハン

知りません　シンサン
知りませんよ　シンハン
汁　ジュイ
汁　スイ
汁もの　スィモン
白い　シレ
塵芥　ゴモッゾ
真実　マコッ
親戚　シンジ
親戚　ヤウッ
死んだ　キシンダ
死んだ　ケシンダ
死んだ罪人から肝をとること　ヒエモントイ
死んでしまえ　ホタイケシメ
心配する　セワヲヤッ
心配でいらいらする　シンキガニユッ
神仏をさす幼児語　ノノサア
新米　ニゴメ

（ス）

酢　アマン
西瓜　スカ
炊事　シマイ
炊事　マカネ
水車　ミッグイマ
水神講　シジンコ
水神様　シジンサア
水仙　キンデクヮ
吸い物　シムン
吸い物　シモン
吸い物　汁物　スモン
水門　オトシ
酔う　イクロ
吸う　スワブル
数年前　キョネンオトドヒ
末っ子　シイタレ

好かん　好きじゃない	スカン
好き	スッ
鋤	スッ
杉	スッ
好きずき	シッジッ
好きずき	スッズッ
好きですか？	スンナ？
杉の木	スッノッ
杉の木	スノッ
すき櫛	シッグシ
すき間	スッ
過ぐ	スギッ
すぐ	ヘッチ
直ぐ　たちまち	タチンコメ
すくいザル	ブイジョケ
少ない	スッナカ
少ない	スッネ
すぐに	イッキ

すぐに	ターチンコンメ
直ぐ	タッチキ
すぐに	ヂキ
すぐに来なさい	イッキケ
肋木　ろくぼく	ロッボッ
凄い	スゲ
凄いこと	スゲコッ
凄腕　敏腕家	キケモン
少し	チット
少しの間ぐらい	イットッドマ
少しは	チッタ
少し待ってください	イットッマックイヤイ
すこしも	イッスン
筋	スッ
筋違いをした	タゴエタ
煤	スイ
スズキ（魚）	ススッ
濯ぐ	ユスッ

すすけた妻	ススケカカァ
すすける	ススクッ
涼しい	スズシカ
涼む	スズン
鈴虫	リンリン
硯　すずり	スズイシ
裾をまくりあげる	ツブッ
頭痛	ヅツ
すっかり	シッタイ
すっかり	スタッ
すっかり	ネッカイ
すっかり	ヒッタイ
酸い	シイ
すっぱい	スイ
酸っぱい	スッパカ
酸っぱい	スッペ
捨てた	ウッセタ
捨ててしまえ	ウッセッシモエ

捨てる	ウッスッ
捨てろ	ウッセ
捨てろ	ホタイウッセ
素通り	スドオイ
砂	ズナ
砂地	スナッ
すべすべ	スルイスルイ
全て	ズルッ
すべて　全部	スッパイ
すべりひゆ	ホトケンミン
辷べる	スベイ
滑る	ズメイ
済ます	シモ
隅	スンクジラ
墨	スン
炭	スン
隅	スン
墨壷	スンツボ

炭火のかたまり	オキイ
済む	スン
相撲	スモ
スモモの一品種『万左衛門』	マンゼモモ
酢らっきょう	スダッキョ
すり切る	スイキッ
擦り切れる	コスイキッ
すりこぎ	スイコッ
卸大根	スイデコン
すり鉢	スイバッ
する	スッ
ずるい	イタイモネ
ずるい	エジ
ずるい	エスカ
ずるい	ズッネ
ずるい	ズリ
ずるい奴	エジコッボ
ずるい奴（野郎）	エジワロ
するか	スッカ
好きか？	スッカ？
するか？　しますか？	スッヤ？
ずるずる	ズルイズルイ
ずるずる	ズルンズルン
ずるずる物が滑る	ヅルンヅルン
するぞ	ヤッド
鋭い	ウツイガエ
するな	スンナィ
するめ	スィメ
すれ違いになる	イッスィヨ
すれ違いになる	イッスユ
座る	ケスワッ
座る	スアイ
座る	スワッ
すんなり	スンナィ

（セ）

精一杯　セッペ
精一杯　ハメッケ
精一杯頑張れ　セッペキバレ
清潔な人　キリゴンシャ
成功しない　ホケガアガラジ
正座する　キンキンスワッ
正座をする　キントスワイ
性質　タッ
脆弱な人　ヨンボリ
成長する　ミシタンゴナッ
整髪　カンツン
せいろう　蒸篭　セロ
背負い篭　カレコ
背負う　カッカイ
背負う　カル
背負う　セオッ

背負う　ヒッカル
是が非でも　ドシテンコシテン
咳　セッ
席　セッ
席変り　セッガワイ
関取　セットィ
赤面する　セケル
セキレイ（鳥）　イシタタッ
世間　世の中　ウゼケン
世間の人　ヒトンシ
世帯　ショテ
世帯道具　ショテドッ
成長する　フッツナッ
せっかく　セッカ
節句　セッ
石工　イシキイ
節分　セッガワイ
銭　ゼン

銭　通貨	ゼンゼン
銭借り	ゼンカィ
銭取り　仕事	ゼントイ
背の低い人	ヂックイ
背の低く肥った人	ヂックイノヨコバイ
是非	ジェシトン
狭い	セベ
狭い	セメ
狭くるしい	セバシッロナカ
蝉	セッ
蝉	セン
セリ	セイ
競る	セッ
世話をする	キモイイ
先月	マエンツッ
先妻	マエンカカ
せんじつめる	セシツムイ
煎じる	セジッ

潜水	スン
泉水	センシ
潜水する	ヅベヲクッ
全然	ヒトッモ
先々月	マエマエンツッ
ぜんそくもち	ゼロモッ
洗濯	イショアレ
線引き　区別	センビッ
全部	ゴッソイ
全部	スッペ
全部	ズルッ
全部	ネッカラ
全部こっそり	スッパイゴッソイ
せんぶり	センフイ
せんべい	センビ
前方	マエンホ
洗面器	ビンダレ

（ソ）

そいつ	ソンヤッ
そう	ソイ
そういえば	マッテ
総入れ歯	ガンブイ
そうか	アッデ
そうか	ソウヤ
そうか?	ジャッカ?
ぞうきん	ザフッ
造作	ゾサッ
葬式	オクイ
そうじゃない	ジャネ
雑炊	ジュシ
ぞうすい　おじや	ズシ
増水する	カワガデッ
そうだ	ジャッ
そうだ	ジャッド
それまで	ソイズィ
そうだ	ヂャッド
そうだ	ヨ
相談	ギンミ
そうでしょう	ジャンソ
そうです	ヤッド
そうです	ヤンサ
そうですよ	ジャンサ
騒動	ソド
騒動をしなさんな	ソドスンナ
霜氷	シモガネ
素麺	ソメン
草履	ジョイ
草履	ゾィ
ぞうりがに	バッチン
草履つき下駄	クイデ
僧侶	ボス
それは知らんことで	ウンダモシタン

即死　コロッ
そこ　そこに　ソケ
そこら辺　ソコアタイ
注ぐ　ツッ
育てる　増やす　オヤス
そちらへ　ソッチセェ
そっと　ヨロット
外の　ソトン
外へ　ソテ
そねかえる　ソネッ
そねかえる　ソネクッ
そねかえる　ソネバッ
その　ソン
その内に　インマンコテ
その日暮らし　ヒシチグラシ
その人　ソノッサァ
その人　その人たち　ソンシ
そのへん　ソコンモト

その野郎　ソンワロ
ソバ　ソマ
そばがゆ　ソマゲ
ソバをねる　ソバキィ
祖母　バッバン
祖母　ババ
粗末　オロイ
粗末　ワイカ
染まる　そまる　ソマィ
染め物　ソメモン
染める　ソムッ
空模様　ソライッ
そりかえる　いばっている　ソイクィカエッ
それ　そいつ　ソィ
それから　ソイカラ
それから　ホイカア
それだけ　それほど　ソシコ
それだけのこと　ソシコンコッ

それで　ソイデ
それでも　ソイドン
それなのに　ソイヂャットニ
それなら　ソイナラ
それに　そいつに　ソンテ
それは　ソヤ
それは　ソンタ
そればかり　ソイバッカイ
それまで　ソイギィ
それる　あたらない　ウッパズルッ
それを　ソユ
それを　ソント
ぞろぞろ　ウイヨウイヨ
そろそろと動くさま　ジワイジワイ
そろっと　静かに　ソロィト
そんな　ソゲン
損をする　ウッポガス

（タ）

だ　ヤツ
鯛　テ
台　デ
代　デ
題　デ
第7胸骨のところが凝る　ヘッガデッ
たいがい　テゲ
大規模　ウジカケ
大工　デク
大工　デッ
大工　デッドン
待遇が悪い　マアイガワリ
大工用の曲尺ものさし　バンジョガネ
太鼓　テコ
大黒様　デコッサァ
太鼓と三味線　テコサンセン

太鼓腹　ドンバラ
大根　デコン
たいした価値のない物　シレタムン
大事な　デシナ
大豆　デッ
大豆　デッマメ
大切　テセッ
大胆な人　ボッケモン
大層な　テソナ
橙　デデ
態度の大きい　フテ
大八車　テグイマ
たいへん　モッション
たいへん　ワザイ
たいへん　ワッザイ
大変薄い　ウシモウシ
大変重い　オミモオミ
大変な　デナ

大変な目に　ホナメ
太陽　お日さま　ヒドン
たいらな　ヒラテ
田植完了の祝宴　サナボイ
唾液　ツバッ
倒す　ハントカス
倒れてしまう　ホタイトクイ
倒れる　ウットクイ
倒れる　トクイ
だが　バッテ
高い　タッカ
高い　高額だ　タケ
高下駄　サッゲタ
高菜の漬物　タカナンツケモン
耕す　ウックイカヤス
滝　タッ
炊き付け　テッケ
抱く　ダッ

沢山	ジョジョンナコ
沢山	ズバッ
沢山	スンバイ
沢山	ソガラシ
沢山	ヂュバッ
沢山	ツガンネヒコ
沢山	ヅバッ
沢山	ヅンバイ
沢山	ドッサイ
沢山	フテコッ
沢山	フド
沢山	ベッタイ
沢山	ウント
沢山　幾らでもある	ウカモン
沢山　ぎっしり	ギシット
沢山	コトロシシコ
沢山	ゴロイゴロイ
沢山　随分	ゴロイト

沢山の量	ソガラシシコ
沢山持ってきなさい	ゴロイトモッケ
託宣が下がった	オセンガオイッタ
逞しい	ゴタクロシ
逞しい	ゴタマシ
逞しい	コッタマシ
他家	ヒトンネ
だけ	ブン
だけど	ドンガラ
たけのこ	タケンコ
竹の屋根	タカグラ
竹箒	タケボッ
だけれども	ヤイバッテ
確かな話	ガッツイノハナシ
他所へ	ヨセ
たすき	タスッ
助ける	タスクイ
助ける	タスクッ

たずねあてた	タンネチケタ
たずねて	タンネッ
たずねる	タンヌッ
尋ねるよ	キッガ
ただいま	イマヤッタ
戦い	イッサ
戦い	ユッサ
叩く	スッサクッ
だだっ子	ヤカラボ
畳	タタン
たたむ	タタン
たたむ	タツン
ただれ	タンダレ
腰巻	メダレ
ただれ目	メタンダレ
立つ	タッ
龍	タッ
竜巻	タッマッ

谷	タイ
谷	タン
谷	ホッ
谷川	タンガァ
タニシ	タビナ
タニシ	タミナ
谷山（地名）	タンニャマ
たぬき	タヌッ
たぬき	タノッ
たねうま	タネツケンマ
楽しみ	タノシン
頼む	タノン
たばにする	カラグッ
束ねる	マイクッ
足袋	タッ
たびたび	ハイト
たびたび	メッテ
旅人	タッニン

タブの木　タッノキ
多分　カッタ
多分おかしい　カッタオカシ
たべた　ウッカンダ
食べた　食った　クタ
たべてしまった　イックタ
食べないか　クヮンカ
食べなさい　アガハンカ
たべなさい　クヤイ
たべましょう　タモンソ
食べ物　クモン
食べ物　タモイモン
食べものなどを確保すること　スモッ
食べる　アガイ
食べる　イック
食べる　イッタモイ
食べる　ウックウ
食べる　ウッタモイ

食べる　タモッ
食べる　ヒッタモッ
食べるか？　クカ？
たべるよ　クヨ
食べるよ　食べるぞ　クド
打撲後の内出血の紫色　ツグロジン
ダボハゼ類　ゴムンチン
卵を抱いた鶏　ハラカッボニワトイ
魂　精魂　イッダマシ
だまして　ダマケッ
だます　ダマカス
だます　ダマカスッ
黙って　ダマッ
たまには　マネケンナ
たまには　マレケンナ
たまらない　ノサン
黙る　ダマイ
ダメ　ボッ

溜息　ウイッ
駄目だ　ボッジャ
だめな　こわれる　グヮラッ
ダメな　役に立たない　ガンタレ
ためになる　役にたつ　タメナィ
溜める　タマイ
溜める　タムッ
たやすい　メヤシ
たやすい　モヤシ
たやすいものだ　モヤシモンジャ
便り　ソ
頼り甲斐がない　ホガネ
たらい　ゲシ
たらい　タレ
だらしない　イタイモネ
だらしない　イタイモナカ
だらしない　ザマンネ
だらしない　ズッサラシ

だらしない　ズンダレ
だらしない　ゾッサラシ
だらしない　ラッモネ
だらしない奴　ズンダハッ
だらしのない　ヅンダレ
だらだら　のべっ　ダライダライ
たらふく　オテッキ
足りません　タイモハン
足りる　タイ
足りる　タッ
足りる　タッシッ
足りるか　タッカ
足りるだけ　タッシコ
足りるね？　タッネ？
樽　タイ
だるい　ダリ
だるい　テソカ
足るでしょう　タイモソ

誰	ダイ
だろう	ドデ
だろうか	ヤッドガ
騒がしい	キッセガラシ
たわし　ささら	ソラ
俵	クブキ
俵	ヒュ
短気者	ハラカッ
だんご	ダコ
団子の一種（鹿児島名物）	ジャンボモッ
たんこぶ	コッ
短時間で終わる雷鳴	イッコッガンナイ
男色者	センペ
だんだん	ジンジン
段取り	シメ
段取りが良い	シメガヨカ
段取りが悪い	シメガワリ
旦那様	ダンナサァ

（チ）

小さい	コマンカ
小さい	コメ
小さい	チッカ
小さい	チビンカ
小さい	チンカ
小さい	チンケ
小さな穴	ス
血が頭へ上がる	ノボスッ
近い	チカカ
近い	チケ
違います	チゴモス
違う	チゴ
違う	ヒッチゴ
地下足袋	ヂッタッ
違った	タゴタ
違った	チゴタ

近まる	ヨッ
近道	チカミッ
力一杯	バカイキ
竹刀	シネ
竹馬	サンゲシ
ちぐはぐ	ヨンゴヒンゴ
乳首	チクッ
父	トト
父親	オヤッ
父親	テチョ
乳臭い	チックセ
縮む	チヂン
縮む	チュジュン
縮む	ツボン
チヌ（黒鯛）の子	チデザコ
乳飲児	チチノンゴ
ちまき	マッ
地面　土地	ヂダ

茶一杯	チャイッペ
茶菓子	シオケ
茶菓子	チャジョケ
茶托	チャタッ
茶摘み	チャツン
茶畑	チャエン
茶瓶	チャジョカ
中風	ナエ
蝶	チュチュ
腸	チョ
長　かしら主	カシタ
調子	チョシ
頂上	チョッペン
長身　高い	タカスッポ
提灯	チョチン
丁度	ガッツイ
ちょうど	チョッキー
ちょうどの時	チョドントッ

ちょうどの量	ヨカシコ
町内（郷内）	ゴヂュ
町内の交際　つきあい	ゴヂュンツッケ
長男	スヨ
跳躍競争	トックラゴ
調理するこしらえる	コシタユッ
ちょこ	チョッ
貯水設備	タメ
ちょっくら	チョロイト
ちょっと	イットッ
ちょっと	チョコッチ
ちょっと	チョッチ
ちょっとの間	イットッバツカイ
一寸のこと	イットッノコッ
ちょろちょろと	チョロンチョロン
散らかす	ヒッチラクッ
散らかっている	チレチョッ
塵	チィ

チリ紙	カラガン
ちり紙	チィガン
塵たたき　はいたたき	ゴンハタッ
塵溜め	ハアッダメ
塵はたき	ハタッ
縮緬	チイメン
散れる	チルイ

（ツ）

着いた　チタ
吊大根　ツイデコン
使い　ツケ
使い出　デ
使う　ツコ
疲れる　テセ
捕まえる　ツカマユッ
つかみ合う　ツカンヨ
掴み下がる　ツカンサガッ
つかみ出す　ムクジイダスッ
掴む　ツカン
つかる（水に）　チカッ
疲れ過ぎる　ダレトクッ
疲れた　ケダルカ
疲れた　ジッドレタ
疲れた　ダレタ

疲れた　チンダレタ
疲れた　ヒンダレタ
疲れました　ダレモシタ
疲れる　ダルッ
月　ツッ
次　ツッ
つき合い　ツッキヨ
月明かり　ツッアカイ
突き合わせ　ツックワセ
突き刺す　ヌクッ
突き出す　コサッダスッ
次々に　ツッカラツギ
突き付けた　ツンヌケタ
突き飛ばす　コサットバカス
月の夜　ツンノヨ
月払い　ツッバレ
築山　ツッキャマ
月夜　チッノヨ

突く	ツッ
着く	ツッ
付く	ヒッチッ
接ぐ	ツッ
継ぐ	ツッ
ツクツクボウシ	ヅクヅクイッショ
作り	ツクイ
作る	ツクッ
つげ口する	マヌイ
漬物	ツケムン
漬ける	ツクイ
都合	ツゴ
都合よく	ユシタアンベ
つた	カズラ
土	ツッ
土壁	ツッカベ
土寄せ	ツッヨセ
突つきまわす	ツクジイタクッ

続けざまに	ツシケザメ
筒袖	テップソデ
包み	ツツン
鼓	ツズン
包み金	ツツンゼン
勤まる	トッマッ
勤め先	ツトメサッ
つとめて	ハタレッ
努める	ツトムッ
つなぐ	ツナッ
つなげる	ツイグッ
綱引き	ツナヒッ
津波	ツナン
つねる	ツマン
唾	ツッ
椿	カタシ
椿	ツバッ
翼	ヨッ

粒	ツッ
つぶれた	ビッシゲタ
潰れる	ビッシャグッ
潰れる	ベッシグイ
蕾	ツボン
妻	ヨメゴ
妻　家内	オメ
つま立ちする	ノンビャガイ
つまらない	ナントンシレン
詰まる	ウッヅマイ
詰まる	ツマッ
罪	ツン
罪作り	ツンツクイ
積む	ツン
紬	ツムッ
つむじ風	ツシマキ
つむじ風	マクジイ
冷たい	チミタカ

冷たい	チメテ
冷たい	チンタカ
冷たい	チンテ
冷たい	ツンテ
冷たい	ヒエクッ
冷たい	ヒヤカ
露	チ
梅雨	ナガシ
ツユクサ	スズムシグサ
強い	イネ
強い	ツエ
強がる	ツエブッ
強く	モクロイキ
強く	モッショイ
辛い	シンドカ
辛い	ツラカ
辛い	ツレ
面魂	ツラダマッ

面憎い	ツランニッカ
釣り	ツイ
釣り合う	ツイヨ
釣り合った	ツイヨタ
釣り竿	イヲツイザオ
つり銭	ツイ
釣り針	イヲツイバイ
ツル　鶴	ツンノトイ
剣	ツルッ
六世孫	ツンノマゴ
ツルレイシ	ニガゴイ
連れだって	テヌッ
連れ立って	テノン
連れて行こう	ツレッチク
つわぶき	ツワ
燈篭	ツロ
悪阻	ツワイ
つんぼの人	ミンツンボ

（テ）

手	テテ
手足	テアッ
出足	デアッ
手当たり次第	テアタイシデ
手厚い	テアチ
手編み	テアン
手荒い	テアレ
出歩く	デアルッ
亭主	テシュ
亭主持ち	テシュモッ
丁度	ヂキ
大変なことだ	デッナコッ
手桶	タンゴ
手斧（大工道具）	チュノ
手鏡	テカガン
手描き	テガッ

出掛ける　デカクッ
手が尽くせない　ナッモナラン
敵　テッ
溺死する　カワドイ・オ
出来そこない　デケソコネ
出来損なう　デケソコノ
出来たて　ツクイタテ
出来た　デケタ
できもの　ガザ
できもの　湿疹　シッガサ
できものの皮　ツ
適役　テキヤッ
出来る　シガナッ
出来る　デクイ
出来る　ナッ
出来るのを鼻にかける　デクイバシ
できれば　ナレバ
でしょう　アンソ

ですね　ハンガオ
手代　テデ
でたらめ　タンカをきる　タンクヮ
鉄　テッ
手伝い　コドイ
鉄道　テッド
鉄瓶　カナヂョカ
鉄棒　テッボ
鉄砲　デップ
鉄砲の弾　テッポンタマ
出てしまう　ハッヅイ
出てしまう　ハッデイ
テナガエビ　ダンマエッ
手並　テナン
手習い　テナレ
手におえない　テシケオワン
手抜き　テヌッ
手拭い　チョノゲ

手拭い　テネゲ
手ぬるい　マヌリ
手早い　テバシケ
手招き　テマネッ
手間のかかる　アッバッ
手マリ　テマィ
手水鉢　ツイバッ
出迎え　サカンケ
(手や手綱を)ゆるめる　ウッチュルス
照りつける　テイツクッ
照る　テイ
出る　デイ
出る　デッ
天井　ツシ
転倒する　ヒックカアッ
天然痘　できもの　ホソ
てんぴんぼう　ヤマオコ
てんぴん棒で担ぐ桶　イネタンゴ

(ト)

と　チ
樋　チ
樋　テ
問い返す言葉　ナァ
吐息　トイッ
とりのぞく　ウッパズスッ
塔　ト
十　ト
問う　ト
胴　ヅ
堂　ド
どう　ドガン
どう　ドゲン
同格　ドカッ
とうがらし　コシュ
とうきび　トキッ

道具	ショドッ
道具	ドッ
峠	トゲ
洞穴	ガマ
動作が鈍い	ナマヌリ
倒産する	ツマヅッ
湯治	トジ
とうじ	トッ
どうしても	イケンシテン
どうしても	サィモ
どうしても	シャイモ
どうしても	ドシテン
どうしてもだめ	イケンシテンヤッセン
どうしましょうか？	イケンシモンソカ？
どうしようもない	ドゲンシザッモネ
どうしようもない	ドジャナラン
どう仕様もない	ハッタイナラン
同数	ドッコイ

どうするか？	イケンスイヤ？
どうするか？	イケンスイカ？
どうするか？	イケンスイケ？
どうするの	ドゲンスットナ
どうするの？	イケンスットナ？
どうするのですか？	イケンシヤットナ？
当然なこと	シレタコ
どうだ？	イケンカ？
どうだ？	イケンナ？
どうだ？	イケンヤ？
どうだ？	イケンヨ？
父ちゃん	オトッチャン
どうでしょう？	イケンナ？
とうとう	ゴロイト
どうにも	ドゲンモ
どうにも	ドジャ
どうにもこうにも	イケンモコゲンモ
どうにもこうにも	ドジャイコジャイ

どうにもこうにもならない　ドモコモナラン
どうにもならない　ドンナラン
頭髪の渦まき　サラ
豆腐　オカベ
豆腐屋　オカベヤ
唐箕　トン
燈明皿　ツゲザラ
どうもできない　イケンモデキン
とうもろこし　ヨメジョトキッ
燈籠　ツロ
道路の補修工事　ミッツクイ
遠い　トアカ
遠い　トエ
遠い　トオカ
遠い　トワカ
遠いですね　トアカネ
トカゲ　トカギイ
尖って　トガッ

尖らす　トンガラカス
尖る　トンガッ
時　トッ
ど肝を抜かれる　フッガケアガッ
とぎれる　トギルッ
溶く　トッ
解く　トッ
研ぐ　トッ
毒　ドッ
得意なもの　十八番　エテンモン
毒蛾　ドッガ
独学　ドッガッ
特技　トッギ
読書　ドッショ
独身　ドッシン
どくだみ　トベラ
どくだみ草　ガラッパグサ
とぐろ　ツグラ

刺	イゲ
とげ	ク
とげ	ソゲ
とげ	ピ
溶ける	トクッ
どこに	ドケ
床の間	オモテ
床の間	トコサァ
とこぶし	ナガラメ
どこへ	ドコセェ
どこまで	ドコズイ
ところ	トコイ
とさか	エボシ
とさか	ヨボシ
どさどさ	ドッタイドッタイ
どしどし	ドッサドッサ
ドジョウ	ドジョ
ドジョウ（魚）	ジョジョ

年寄り	トシオィ
年寄り	トシナムン
年寄り　年配者	オンジョ
綴じる	トジィ
取り留む	トイトムッ
土地の者	ヂゴロ
土地の者	ヂノモン
途中	ヤシ
徳利	トックィ
どっこいしょ	アイタコラヨォ
とっさのときの言葉	ハラ
どっさり	ドサッ
突然	ヒョクッ
尖端	ヅッ
取ってこい	トッケ
とっぴな　変な	ソッセナ
土手	ヅベ
とても	トテン

とても　ひどく	スッタイ
とても可愛い	ムゼモムゼ
とどく	トジッ
届く	トジッ
届く	トヅッ
届く	トドッ
唱える	トナユッ
どなた	ドノッサァ
どなた様	ダィサァ
怒鳴って	キシオラッ
隣	トナィ
怒鳴り上戸	ヤマイモホイ
怒鳴る	ヒノオラッ
とにかく	ナイガナシ
殿	ドン
どの？	ドン
土のう　網しろ	イノコ
殿様	トノサァ

とのさまがえる	タカシトビッ
どの野郎	ドンワロ
賭博	トバッ
賭博	バクッ
飛ばす	トバカス
トビ	クソトッ
トビ（鳥）	タカ
飛び上がる	トッピヤガッ
とび魚	トッイオ
とび魚	トッビォ
飛び降りる	トッオジイ
飛び降りる	トッコジイ
飛び込む	トックッ
飛びこむ	トッコン
飛び出した	ヒットデタ
飛び道具	トビドッ
土瓶	チョカ
飛ぶ	トッ

飛ぶ　トン
飛ぶ　とぶように　スットッ
戸袋　トックラ
戸袋　トブッロ
途方もない　ヅッモネ
途方もない　トッケンネ
途方もない　トホンネ
途方もない・大層　アバテンネ
乏しい　トボシ
土間　ウスニワ
止まる　ウットマ
泊まる　ヒットマッ
止まる　ヒットマッ
弔い　トムレ
点す　トボッ
友達　ドシ
友達甲斐　ダッ
友引　トモビッ

吃り　ドモイ
どもる　ヅモッ
どもる人　ズモイ
どもる　ズモッ
とやかく　トヤカッ
土用　ドユ
土用丑の日　ドユウシ
土用波　ドユナン
虎ねこ　キシネコ
虎の子　トランコ
鳥　トイ
取り扱い　トイアッケ
とりえ　トイドコイ
取り替える　トイカユッ
鳥かご　トイカゴ
取り口　トイクッ
取り組む　トイクン
取り込む　トイコン

取り下げる　トイサグッ
取り締まる　トイシマッ
取り立てる　トイタツッ
取り散らかす　トイチラクィ
取りに　トイケ
鳥の胃袋　モモゲ
取り除く　トッノクッ
とりはずす　ウッパッ
取引　トイヒッ
とり放題　トイホデ
とりもち　ヤンモッ
トリモチの木　ヤンモッノッ
とりやめ　ウッチャメ
とりやめる　トイヤムッ
鳥を飼う　トユ・コ
鳥を飼う　トユ・オヤス
取る　トイ
取る　トッ

盗る　とりあげる　オットイ
どれ　ドイ
どれを　ドヨ
泥　ノロ
泥まみれになる　ツンヌカイ
頓着ならない　トンジャキャナカ
飛んだ　ツダ
飛んだ　ヒットンダ
どんちゃん騒ぎ　ドシメッ
とんでもない　カカランネ
とんでもない　ツガランネ
どんどん　さっさと　ズーズー
どんな(調子・具合)か?　イケナコッ?
どんなもの?　イケントナ
とんび　トッ
トンボ　バブタ
とんぼ　ボイ
トンボ　ヤンマ

（ナ）

無い　ナカ
無い　ネ
内臓　ゾロッワタ
内臓が痛む　セッ
ないものはない　ナカモンナナカ
ないように　ネゴッ
長い　ナゲ
長い　ナンカ
長椅子　バンコ
仲買　ナカゲ
中が空なさま　スッカスッカ
長靴　ナガグッ
泣かす　ナカスッ
中次ぎ　ナカツッ
仲直り　ナカナオィ
中へ　ナケ

仲間　ツレ
仲間入り　カタイ
仲間の人達　ツレモン
長持ちする　タマッ
長持ちする　タマル
中休み　ナカヨクイ
凪（ナギ）　ナッ
泣き叫ぶ　ナッオラッ
泣き出しそうになる　ナッカブイ
薙刀　ナッナタ
泣き虫　ナキムッ
泣き虫　ナケベシ
泣き虫　ナケベッショ
泣き虫　ナッベショ
泣き笑い　ナッワレ
泣く　ナッ
鳴く　ナッ
泣く　ヒンナク

泣くさま	オロイオロイ
なぐさみ	ナッサン
慰める	ナッサムッ
無くなる	ノヒンネナル
なぐられるぞ	ウタルッドネ
なぐる　打つ	ウッタクッ
嘆く	ナゲッ
涙	ナンダ
投げ飛ばす	トッカヤス
投げる	ナグッ
投げるな	ナグンナ
七合五勺	ゴミッツ
仲人	ナカダッ
仲人をする	ナカダッヲスッ
なごむ	ナゴン
名残	ナゴイ
～なさい	ヤイ
情けない	ナサケネ

情けない	ナサケンナカ
なさる	ヤッ
馴染む	ナジン
茄子	ナスッ
なすりつける	ナスィツクッ
何故	ナイゴテ
何故	ナシケ
夏	ナッ
懐かしい	ナッカシ
なつく	ナツッ
名付け祝い	ナッケユエ
夏越祭	ナゴシサア
なった	ヒンナッ
なっている	ナッチョイ
夏場所	ナッバショ
ナツミカン	ナッデデ
七	ナナッ
七草節句	ナンカンセック

七種粥	ナナトコズシ
七つ	ヒッ
何	ナイナ
なに？	ナィ
何事	ナンゴッ
何しに	ナイシケ
なにごと？	ナイゴッ？
なにも	ナイモ
何もならない	ヘトンシレン
なにもかも	ナイモカイモ
何をしているの	ナイショット
何をしているの	ナユショット
鍋敷	ナベスケ
鍋の底のスス	ヘグロ
なま暖かい	ナマヌッカ
生意気な	キシコサッナ
生意気な	コサッナ
生意気な	ナマスカン

生臭い	ナマクセ
生臭い	ヒエクセ
生魚	ブエン
なまぬるい	ナマヌルカ
鉛	ナマイ
訛り	ナマイ
波	ナン
なに？	ナンチ？
なめくじ	ナメクッ
なめくじ	マメクシ
なめる	ナムッ
なめる	ナメズイ
なめる	ネブル
なめる	ヒンナムッ
悩み心配する	ヒガイタン
悩む	ナヤン
習う	ナル
並ぶ	ナラッ

なり振り	ナイフッ
成る	ナッ
馴れる	ナルッ
縄	ナア
縄跳び	ナワトッ
縄張り	ナワバィ
縄をなう	ナアヲネッ
難儀な	ナンゲ
南国	ナンゴッ
なんだろう?	ナンジャロカイ?
なんでも	ナンデン
なんと言っても	ナンチテン

(二)

に	ニキ
……に	ケ
似合う	ニオ
似合う	ニョ
似合って	ニアッ
兄さん	アンサァ
兄さん・若い人	アンサン
煮える	ニエッ
煮える	ニユッ
匂い	カザ
匂い	ニエ
臭う	ニオ
二階	ニケ
にがい	ニゲ
ニキビ	ニクン
賑やか	ニッギャカ

にぎやか　ハズン
握らせる　ニギラスッ
にぎりこぶし　ニギィコブッ
にぎりこぶし　拳固　コブッ
握飯　ニギイメシ
握る　ニギィ
肉　ニッ
憎い　ニキ
憎い　ニッカ
肉桂　ケセン
肉桂　キシン
肉桂　ケシン
憎む　ニクン
憎らしい　ボンノンナカ
荷車　ニグイマ
逃げてしまう　ヒンニグイ
逃げる　ホタイニグッ
逃げる時間　ニグイマ

逃げる　ニグッ
二合五勺　ゴシトツ
二合五勺　ゴヒトッ
煮込む　ニクン
濁り　ニゴイ
虹　ニシ
虹　ニッ
西風　ニッノカゼ
煮しめ　シメムン
煮た　炊いた　テタ
煮出したカス　セシカラ
にたりとわらうこと　ニソッ
日中　ヒイノヒナカ
煮詰める　煮出す　煎じる　セジル
似ていない　ニラン
似ていない　ニンサン
似ている　ニチョッ
蜷　ビナ

ひねくれる	ヒネクルッ
鈍い	ウツイガワリ
二本の棒	ジャンボ
二枚	ニンメ
入梅	ナガシノイー
乳房炎	チチクサ
にらみつける	ネギッ
睨む	ネラム
似る	ニイ
煮る	ニイ
煮る	ニッ
似る	ニッ
煮る　もやす	タッ
煮るか	ニッカ
庭	マエ
にわとこ	タッノキ
鶏	ヂドイ
鶏	ニワトイ

人気取り	ハデトイ
人	フト
人参	ニジン
妊娠する	ハラガフツナッ
妊娠中の女性	ハラフトオナゴ
人数	ニシ
にんにく	ヒイ
ぬいぐるみ	ヌィグルン

（ヌ）

縫いこむ	ヌコン
縫い針	ヌィバィ
縫い針	ヌハイ
縫い物	ヌモン
縫う	ヌ
ぬかせ	キシカアセ
ぬかるみ	ドロベッタイ
泥濘	ヌカッ
抜く	ヌッ
脱ぐ	ヌッ
脱ぐ	ヒンヌッ
拭う	ヌグ
ぬくもり	ヌッモィ
抜けてしまう	ヒンヌクイ
主	ヌッ
盗み聞き	ヌスンギッ
盗人	ヌヒト
盗人	モノトィ
布	ノノ
ぬり絵	ヌイエ
ぬり薬	ヌィグスィ
ぬりつける	ナスッ
ぬりつける	ヌィタクッ
塗る	ヌッ
ぬるい	ヌリ
ぬれる	ツンヌルイ
濡れる	ヌルッ
濡れる	ビッショイ

（ネ）

寝息	ネイッ
値打ち	ネウッ
ネーブルオレンジ	ヘソミカン
寝起き	ネオッ
願い	ネゲゴッ
願う	ネゴ
寝返る	ネガエッ
ねぎ	ネッ
ネギをください	ネグクイヤイ
寝言	ネゴッ
寝込む	ネコン
寝転ぶ	ネコロッ
ねずみ	ネズン
寝そびれる	ネソビルッ
寝そべる	ナゴナッ
ね	ニ

ねたむ	ソノム
ねたむ	ネタン
熱	ネッ
熱がある	ミガタギイ
ねば・なければ	ニヤ
粘り着くさま	ベットンベットン
粘る	ネバイ
粘る	ネバッ
値引きをする	ネビクスイ
寝巻き	ネマッ
眠い	ネビ
眠くない	ネブナカ
眠くなる	ネブイガツッ
睡気	ネブイ
眠ってしまった	ツンネッタ
眠りこける	ネムイコケッ
眠る	チンヌッ
根もと	ネバィ

根元に	ネモチ
寝よう	ネッガ
狙い	ネレ
練る	ネイ
寝る	ネイ
寝る	ネッ
練る	ネッ
寝るよ	ネイガ
値を高く言う人	タカバッ
年月	トシツッ
年始回り	ショガッデ
年頭	ネンツ
ねんねこ	コンゴバオイ
年齢	トシネ
念を押す意味	ネ

（ノ）

野苺	ノイッゴ
脳	ヌ
脳	ノ
農園	ノエン
野うさぎ	ノウサッゴロ
～のか	トカ
野菊	ノギッ
軒先	ノッバンサッ
除け者	ノケムン
のける	ノクッ
のこぎり	ノコギィ
残してある	ノケッアッ
残る	ノコッ
乗せて	ノセッ
乗せる	ノスッ
載せる	ノスッ

のっかる	ノッカッ
乗っ取り	ノットイ
喉頸	ノドクッ
～のに	トニ
のびあがり	ノンビャガッ
のびる	ネビィ
伸びる	ノビッ
野ブドウ	インガネッ
野ブドウ	ガネッ
野ブドウ	ガレブ
のぼせる	ヅニノボッ
幟	ノボイ
上り	ノンボイ
上り坂	ノボイザカ
登る	ノボイ
登る	ノボッ
蚤	ノン
のみ（大工道具）	ノン

飲み込む	ノンコン
飲み過ぎ	ノンカタガスギッ
飲む	ノン
飲む	ヒンノン
のら犬	マグレイン
糊	ノイ
海苔	ノイ
乗り合う	ノイエ
乗り逃げ	ノイニゲ
載る	ノイ
乗る	ノイ
乗る	ノッ
乗る方法	ノイカタ
のろい	ヌリ
乗ろうや	ノイガ
のんびり	ユックイ

（八）

は	ヤ
灰	ヘ
杯	ペ
はい、よろしいよ	ヨシュゴワンガ
這いあがる	ヘアガッ
這入る	ヘッ
煤煙　すす	スエン
黴菌	ヒエ
掃いた	ハエタ
吐いた	ヘタ
這い出した	ホデタ
はいったが	イッタバッテ
入っている	イッチョイ
入っている	イッチョル
這いはじめた	ホデケタ
灰吹き	ヤネウッ

入り込む	ヘイクッ
入るには入ったが	イッタドンカァ
這う	スボ
這う	ホ
蝿	ハイ
鮠	ハイゴロ
蝿	ヘ
生えた	オエタ
蝿叩き	ヘタッ
蝿取蜘蛛	ヘトイコッ
蝿取紙	ヘトイガン
生える　うえる	オユッ
羽織	ハオイ
羽織る	ハオッ
馬鹿	バカスッタレ
破壊する	ツッパシイ
流し台	ハシイ
バカ正直	バカショジッ

墓掃除　ハカコシタエ
ばかな奴　キャァタロ
馬鹿にする　バケスッ
墓参り　ハカメィ
ばかり　バッカイ
計る　ハカッ
測る　ハカッ
謀る　ハカッ
萩　ハッ
吐きかける　ハッカクッ
吐き下し　ヘタイクデタイ
吐き気　ムッケ
掃き溜め　ハッダメ
履物　ハキモン
履物　フンモン
吐く　アグッ
掃く　ハアッ
吐く　ハッ

掃く　ハッ
履く　ハッ
掃く　ハワッ
履く　フン
剥ぐ　ハッ
吐く　吐き気がする　エヅッ
白癬　シタクモ
爆竹　トンビンブクロ
爆発する　ハシッ
吐くよ　アグッガ
禿げ頭　ツルッパゲ
はげ頭　ハゲビンタ
化ける　バクッ
歯骨を噛む　ハボネヲカン
運ぶ　ハコッ
はさみ　ハサン
はさむ　ハサン
はさむ　ハスン

はさむ	ヒッパスン
はさんだ	ハスダ
端	ハナ
橋桁	ハッゲタ
はしご	ハシノコ
箸戦	ナンゴッ
初めて	ハシメッ
柱	ハシタ
走る	ハシイ
走る	ハシッ
走る　駆ける	カクッ
恥をかく	ハジュカッ
恥	ハッ
蓮芋	トイモガラ
恥ずかしい	ハッカシ
はずみ	ヒョシ
ハゼ	ゴモキシ
ハゼの木	ハシマケ

ハゼの稚魚	サノボイ
機織	ハタオイ
肌ぬぎ　もろはだぬぎ	コシヌッ
働き者	ハタラッテ
鉢	ハッ
八	ハッ
蜂	ハッ
鉢巻	ハシマッ
鉢巻	ハッマッ
罰	バッ
罰当たり	バッカブイ
発言	ユコッ
発情する	サカッ
発する声	ドラ
這った	ホタ
バッタ	タカ
ばったり	バッタイ
這って	ホテ

這って来い	ホテケ
初雛	ハッビナジョ
発病した	デヨタ
初盆	ハッボン
馬頭観音	ンマンカンサア
話し合い　相談	カタイエ
話し合い　相談	カタイゴッ
話し合う	カタイヨ
鼻汁	ハナ
話す	カタッ
鼻筋	ハナスッ
鼻たれ	ハナズンダレ
放つ	ヒィ
バナナ	バションミ
花火	ハナッ
花吹雪	ハナフブッ
花見	ハナン
花見など野外での宴	オデバイ

花嫁御	ハナヨメジュ
離れる	ハナルッ
鼻をかむ	ハナヲトッ
鼻をかむ	ハナヲヌグ
はにかみ　内気者	イメゴロ
跳ね起きる	ゴソッ
羽根つき	ハネツッ
母	アボ
母	ハホ
母親　家内	カカ
ハマグリ（貝）	ハマグイ
歯磨き粉	ミガッコ
はみ出す	ハッヅッ
嵌める	ハムイ
鮠	ムッゴロ
鮠	モッゴロ
早い	ハエ
早い	ハヤカ

早いですね	ハエカンガ
早く	ハヨ
原	ハイ
払いのける	ウッパル
払う	ハル
腹が立つ	ハラガキィワッ
腹がへる	ハラガヘッ
腹立ちまぎれに	ハラケタマカシ
腹をたてて	ハラケッ
腹をたてる	ハラッキッシウッ
針	ハイ
針金	ハイガネ
春	ハイ
張る	ハイ
張る	ハッ
晴れ着	ベンジョ
晴れ着	ヨカイショ
晴れ晴れ	ハレッ

腫れ物	ハレモン
はれもの	モノ
半額	ハンガッ
晩酌	ダイヤメ
反対	ハンテ
半時	ハントッ
半日いっぱい	ヒナカイッペ
半分	ハンコ

(ヒ)

干上がる	ヒアガッ
干上がる	ヒヤガッ
火遊び	ヒアソッ
日当たり	ヒアタイ
贔屓する	ヒクスッ
火打石	ヒウッイシ
稗取り	ヒエトイ
火かき棒	ヒカッ
日が暮れる	ヨガヘッ
東風　春風	コッノカゼ
干からびる	ヒカラビッ
光	ヒカイ
惹かれる	ヒカルッ
匹	ピッ
引き合う	ヒキオ
引き揚げる	ヒキアグッ

引き揚げる	ヒッキャグッ
引き網	ヒキアン
引き合わない	ヒッキャワン
引き合わない話	ヒッキャワンハナシ
引受ける　請負う	ウケヨ
引き下ろす	ヒッオロス
ひきがえる	ゴンゼ
ひき蛙	ビッタドン
ひきがえる	ワクド
引き金	ヒツガネ
引き込む	ヒッコン
引き込んだ	ヒックダ
引き下がる	ヒッサガッ
引き裂く	ツンサッ
引き算	ヒッザン
ひき潮	シオガレ
引き潮	ヒッシオ
引きずる	ヒコジイ

引き倒す　ヒッタオス
引き出す　ヒッダスッ
引きちぎる　ヒッチギッ
引き抜く　ヒンニッ
ひきのばす　ヒコハユッ
引き払う　ヒッハル
引きまくる　ヒコタクッ
引き破る　ヒッザッ
卑怯者　ヒッカブイ
引く　ヒッ
低い　ヒッカ
低い鼻　ハナベックヮイ
低い　ヒキ
ひげづら　ヒゲモッゾ
微細なこと　コマンチ
膝がしら　ヒザガツンブシ
膝がしら　ヒダップシ
久しい　サシ

久しぶり　サヒカブイ
久しぶり　ナガブイ
久しぶり　ナゴブイ
ひざの頭　ツンブシ
柄杓　ヒシヤツ
非常に　ボリ
非常に良い　ナンチワナラン
ひそひそ　ヒッソヒッソ
ひだ　襞　キダ
額　コバナ
ひたい　ヒテグチ
ひたい　フテ
額　ムケヅラ
額　おでこ　ヅッ
左　ヒダイ
左利き　ヒダイギッ
左利き　ヒダイギッチョ
左きき　左手　ギッチョ

ひだるい　ヒモジ
美男子　ヨカニセ
ひっかかれた　カカジラレタ
ひっかき廻す　まぜかえす　コサッタクッ
ひっかく　カカジッ
ひっかける　浴びせかける　イッカクイ
ひっくりかえした　イッカエタ
ひっくりかえす　イッカヤス
ひっくりかえす　ヒックイカエッ
びっくりさせる　タマガラスッ
引越し　ヤウツイ
引越し　家なおり　エナオイ
引っこ抜く　コヤス
ひっこ抜く　ヒッコガス
引っこ抜く　ヒッコヤス
びっしょり　ゾップイ
ひっそり　ヒッソイ
引っぱる　ソビッ

引っぱる　ヒッパッ
旱　ヒデイ
人　ヤッ
ひどい　ヒジ
ひどい　ヒデ
ひどい目にあった　フテメオタ
ひどいもんですよ　キツゴアス
ひどく　ムクロ
ひとくち　ヒトクッ
ひどくつねる　ツマンクジイ
人質　ヒトジッ
ひと筋　ヒトスイ
一背負い　ヒトカレ
人助け　ヒトダッケ
一つ　片一方　イッチャ
ひとつに　ヒトチ
一つは　ヒトチャ
一晩中　ヨノヒシテ

人まねする人	マネシゴロ
人見知りする	ミシタンセスッ
一昔	ヒトムカッ
ひとり	ヒトイ
ひとり相撲	ヒトイズモ
雛人形	ヒナジョ
雛祭	ヒナジョユエ
ひねくれ	ヨンゴ
ひねくれ者	ヨンゴギネ
ひねくれ者	ヨンゴモン
ひねる	ヒネッ
火の神	ヒノカンサア
檜	ヒノッ
火の車	ヒノクイマ
火鉢	ヒバッ
雲雀	ヒバイ
ひび割れる	ヒワルッ
火吹き竹	ヒオコシ
紐	ヒボ
紐	ヨマ
ひもじい	ヒダイカ
ひもじい	ヒダリ
ひもじい	ヒダルカ
ひもなどでくくること	キビル
百	ヒャッ
百姓	ヒヤッショ
百日咳	オネッ
百日草	ボスバナ
百年	ヒャッネン
冷やす	サマカス
日雇	ヒヨトイ
日雇い	ヤテド
冷や水	ヒヤミッ
病気になった	ネオッタ
病気になった	ビヨ
ひょうきんな	ショッセナ

病弱	ヒヨエ
標準語	ヨソコトバ
ひょうたん	ヒュタン
病人	ビョニンタロ
病人	ヤンメゴロ
屏風	ビョッ
ひょっこり　不意に	チョッカイト
日和	ビヨイ
開く	ヒラッ
平鯛	シロチン
ひらめいた	ヒラメタ
ひらめく	ヒラメッ
びりっけつ	ドンケッ
肥料	コヤッ
昼	ヒイ
蛭	ヒイ
昼過ぎ	ヒイカアサッ
昼寝	ヒイネ

昼寝	ヒンネ
昼間	ヒイマ
昼前	ヒイマエ
昼飯	ヒイメッ
昼飯	ヒンメシ
昼飯	ヒメシ
昼休み	ヒイヤスン
広い	ヒリ
広い	ヒロカ
拾い集める	ヒルアツムイ
広いです	ヒレワイ
疲労	ダレ
拾う	ヒロ
拾う	フル
ひろげる	ハタグッ
ひりひり痛む	ヒライヒライ
広々と	グヮイト
広める	ヒロムッ

枇杷　ビヤ
日割り　ヒワィ
貧相　ヒンソ
貧乏　ビンブ
貧乏神　ビンブンカン
貧乏な　アワレナ
貧乏人　カンジン
貧乏人　ヒンジャゴロ
敏腕家　キレモン
敏腕家　ヤイテ

（フ）

不意に　ヒョッコイト
風変わり　フガアイ
夫婦　オンジョンボ
増える　イミイ
ふえる　イミッ
ぶ男　ブニセ
深い　フカカ
深い　フケ
深入り　フカイイ
ぶかぶか　ブッカンブッカン
不器用　ブキッチョ
不義理　フギイ
吹く　フッ
拭く　フッ
福　フッ
服　フッ

フグ（魚）	チャンブッ
副食物	ソエモン
腹痛	ハラガマクジイ
ふくらはぎ	ツト
脹らます	フクラマスイ
フクロウ	トックッ
フクロウ	トッコ
ふけ（頭などにたまる）	イコ
老ける	フクッ
寒がる	ハタガッ
塞ぐ	フサッ
ふさぐ　通行止めにする	セッ
武士	サムレ
不思議	フシッ
不思議な	シュダ
不精	フユ
不精者	フユッゴロ
不精をする	フユヲカマユイ

婦人科	チノヤンメ
婦人薬	チノクスイ
不足	タシネ
不足　足らない	タイナカ
不足気味	ツルンタラン
舞台	ブテ
二　ふたつ	ジャン
二つ	フタッ
二つ三つ	フタッミッ
ふだん　かねて	カネヘゼ
不断草	フダンソ
渕	フッ
付着する	ヒッツッ
吹聴する	フカスッ
ふつうの下駄	ハダカゲタ
ふっかける	フッカクッ
ぶっ倒れる	ウットケタ
降っり照ったりの天気	イッコッビヨイ

仏壇	ブッダン
降ってくる	アユッ
沸騰する　煮える	タギィ
ぶつぶつ愚痴る	ブッツイカッタイ
不逞な野郎	フテワロ
太い	フチ
太い	フトカ
ふところ	ツクラ
ふところ	ツクロ
ふところ	フツクロ
ふとどきな　情けない	ジュモネ
太る	フトィ
布団	ボタ
舟遊び	フナアソッ
船底にたまる水	アカ
やぶにらみ	ヤボニラン
不払い	フバレ
踏み切り	フンキィ

踏みにじる	フンタクッ
踏む	フン
不向き	フムッ
殖やす	フヤカス
冬	フイ
ぶよ	ブト
部落	ブラッ
部落の区域	ホギイ
不埒な	ムデナ
振り	フイ
ブリ（魚）	ハラジロ
ブリ（魚）	ブイ
振り当てる	フイアツッ
振り返る	フイカエッ
ふりかけ	フイカケ
振り仮名	フイガナ
振り子	フイコ
振り込む	フイコン

振り袖　フイソデ
振り出し　フイダシ
鰤の子　モジャコ
振り撒く　フイマッ
振り回す　フイマワスッ
振り向く　フイムッ
降る　フイ
振る　フッ
降る　フッ
占い　オセン
古い　フイ
古い　フイカ
古い　フリ
古着　アガイモン
古着　フルッ
古くさい　フイクセ
風呂の薪　フロタッグン
分割した部分　ワイ

分家　ジナンケ
分家　ワカサレ
紛失した　ナカゴッナッタ
褌　ヘコ
分別がつかない　ショガウタン
分量　シコ

（へ）

～へ　サエ
ヘアーピン　ビンドメ
平均　ナラン
米寿の祝い（女子のみ）　イトヨイユエ
へこみ　ヒコン
舳先　ヘサッ
へそくり　ヘソクイ
へその緒　ヘソンオ
ベソをかく　ベッソヲヒッツクッ
下手　ブチホ
へたな踊り　オンガメオドイ
へちま　イトウイ
別　ベッ
別口　ベックッ
別なもの　ベッナムン
へとへと　ヘットイヘットイ

蛇　ヘッ
減らす　ヘガムッ
減らす　ヘズッ
へり　ヘイ
屁理屈　アッゴ
減る　ヘッ
屁をひる　ヒッ
へんくつ者　センコッ
返事　ヒシ
返事　ヘシ
便所　カンジャ
便所　カンジョン
便所　カンゼ
返事をしなさい　ヘズセンカ
便通　ツシ
辺ぴな場所　むらはずれ　果て　ウッパズレ
変物　ヘンブッ
偏平足　ベッタアシ

（ホ）

法	ホ
棒踊り	ボオドイ
方角	ホガッ
方角	ホ
ほうき	ホッ
箒星	ホッボシ
奉公人	デカン
下女	メロ
坊さん	ボイドン
法事	ネンキ
帽子	ボシ
奉書紙	ホションカン
坊主頭	ボスビンタ
防水	ロビッ
防水布	ロビッヌノ
茫然	アケッ

ホウセンカ	トッシャゴ
ぼう然とする	ボヤッナッ
茫然となる	アケッナッ
放題	ホデ
包丁	ホチョ
法螺	フテコッ
豊年	ホネン
ボウフラ	ピンピンムシ
方法	シザッ
方法がない	テガネ
ほうほうのてい	ホホナメ
訪問	コトイ
放り投げる	ホタイナグッ
吠える	ホユッ
ほおかむり	ホカブイ
ポカポカする	ホォホスッ
木刀	ボット
北東風	キタゴチ

ほくろ　アザ
墓穴に棺などをうめること　イケル
墓穴をほること　イケホイ
ほこり　ホコイ
埃　ホコレ
ほころびる　ホコレ
欲しい　ホシ
欲しいか?　ホシヤ?
欲しいのだろう　ホシタァロ
欲しい物　ホシモン
欲しがる　ホッセ
欲しがるな　ホッセスンナ
干した小魚（いわし）　ガランツ
干した物　ホシモン
干物台　サオンデ
干す　ホスッ
細い　ホシ
細い　ホセ

細くて長い　ヒョロナゲ
細竹　ブッダケ
蛍　ホタイ
掘った　ホゲタ
坊ちゃん　チゴサァ
ぼつぼつ　チンチン
布袋竹　コサンダケ
ほてる　ホテッ
ほてる　ホメッ
程　ヒコ
ほどく　ホドッ
仏様　ナンマンサァ
ほどけた　ホドクッ
ほどける　とける　ツッポドクイ
帆柱　ホバシタ
頬　フ
頬　フタン
ほほかぶり　ホッカブイ

お召し上がり下さい　メシャガッタモンセ
褒めてみろ　ホメッメ
褒める　ホムッ
ぼやく　ボヤッ
法螺貝　ホラゲ
ホラ吹き　ギララフッ
堀　ホイ
掘りかえす　ツンクィカエッ
彫り物　ホイモン
掘る　ホイ
掘る　ホッ
彫る　ホッ
ほれ　ソイ
ほれ　ホイ
ほれ合う　デケタ
惚れる　ホルッ
ボロ着物　ボロ服　ヒッチャブレ
ぼろぼろ　ボロイボロイ

ぽろぽろ涙をこぼす　クヮラィクヮラィ
盆踊　ボンオドイ
本気でやらないか　ハマランカ
本当　フォンノコッ
本当に　ホンノコテ
本当のこと　マコッノコッ
本降り　ホンブイ
ポンポン船　ハッドセン

（マ）

舞	メ
枚	メ
毎朝	メアサ
鞠つき	マイツッ
毎月	マイツッ
毎月	メチッ
毎月	メツッ
毎日	メニッ
毎日	メヒニッ
毎晩	メバン
参ります	マカス
参る	メイ
舞う	モ
前置き	マエオッ
前かがみ	マエカガン
前書き	マエガッ
前かけ	マヤテ
前髪	マエガン
前の	マエン
前歯	ムカバ
賄う	マカノ
曲がる	ヒンマガッ
曲がる	マガイ
曲がる	マギイ
薪	タッグン
薪	マッ
巻きあげる	マッアグッ
薪木	タッムン
巻切る	マッキッ
薪拾い	タッグンヒロ
巻く	マッ
撒く	マッ
蒔く	マッ
幕切れ	マッギレ

間口　マグッ
捲くる　メクッ
負ける　ホタイマクッ
負ける　マクイ
負ける　マクッ
負ける　マケッ
曲げる　マグッ
まことに　ホンノコチ
まことに　マコテ
まごまご　モンゴイモンゴイ
まさか　イカナコテ
まさか　ナイガァ
まさか　ナイガモー
真正面　マッポシ
まじわる　マミッ
ます　モス
不味い　ンモナカ
貧しい人　ヒンナムン

貧しい人　マズシカ
混ぜ返す　アシクッ
まぜかえす　コネクイ
まぜかえす　コネクイカヤス
混ぜくりかえす　マゼクイカエッ
混御飯　マゼメシ
混ぜる　マズッ
混ぜる　マゼクッ
またがる　マタガッ
股引　デコンバッチ
股をぶざまに開いている様子　ハッチョマタガイ
町　マッ
間違い　マッゲ
間違った　マッゴタ
街角　マッカド
待ち遠しい　マチケン
待ちながい　マッナゲ
松　マッ

待つ	マッ
まつ毛	バッバッゲ
舞った	モタ
マッチ	ダンチケ
マッチ	ツケッ
マッチ	ランツケッ
待っている	マッチョイ
松の木	マッノッ
松の木	マンノッ
マツバボタン	ツンキイグサ
まっ昼間	ヒンノヒナカ
まつやに	マッノヤネ
祭り	マツィ
迄	ヅイ
まとめる	マトムッ
間取り	マドイ
まな板	キイバン
真夏	マナッ

間に合う	マサケオ
間に合う	マニオ
間に合わない	マサケオワン
招く	マネッ
真似る	マネッ
まぶしい	メバイ
ままごと	ママゴッ
守り神	マモイガン
守り	モイ
守る	マモッ
麻薬	マヤッ
繭	メ
眉毛	メゲ
迷う	マグルッ
迷う	マヨ
迷った	マグレタ
鞠	マイ
丸い	マリ

丸顔	マイガオ
丸切り　ぶつ切り	ゴロッタギイ
丸太	ゴロタ
丸取り	マルドイ
まるぼーろ	マイボロ
丸々	マイマイ
まる儲け	マイモケ
丸焼き	マルヤッ
まれに	マネケン
まれに	マレケン
回り道	マアイミッ
回す	マアスッ
回す	マユッ
まわり	グルイ
回り	マワイ
まわりくどい	マアイクデ
まわり燈篭	マアイヅロ
まわり舞台	マアイブテ

回る	マアッ
回る	マワッ
回る	モ
満月	ジュゴヤサア
満月	マンゲッ
曼珠沙華	ヂゴッバナ
曼珠沙華	ヒガンバナ
満足だ	タルチョイ
万引き	マンビッ
満腹	マンプッ
まんまる	マンマリ

（ミ）

見合す	ミアワスッ
身内	ミウッ
見えて	ミエッ
見える	ミユイ
見送る	ミオクッ
身重（みおも）	ミガオビ
見限る	ミカギッ
磨く	ミガッ
見かける	ミカクッ
幹	ミッ
見切る	ミキッ
身奇麗	ミギレ
右	ミッ
見極める	ミキワムッ
見苦しい	ミグルシカ
見苦しい	ミトンネ
見苦しいこと	ミグルシカコッ
見苦しい人	ミトンネヤッ
眉間	ムケン
見事	ミゴテ
見込み	ミコン
見込みがない	ミコンガナカ
身下げる	ミサグッ
短い	ミシケ
短い	ミヒケ
水	ミッ
水遊び	ミッアソッ
水あめ	ユイアメ
水が満ちたさま	ドップンドップン
水臭い	ミズクセ
水差し	ミッサシ
水漬かりになる	ヒッツカイ
水鷭	クロドイ
水疱瘡	ミッボソ

見せてごらん	ミセッミレ
見せびらかす	ミセブラカッ
みそぎ	シオガッ
ミソサザイ（鳥）	ミソッチュ
ミソサザイ（鳥）	ハナカンメ
味噌汁	ミソンシュイ
みぞれ	ユッキャメ
見たい	ミテ
見たい	ミロゴチャッ
乱れ髪	ヤンカブッ
道	ミッ
みちしお　満潮	シオダテ
道ばた	ミッバテ
見つけに	ミシケタ
見つける	ミシクイ
目尻り	メジイ
みっともない	ミトンナカ
蜜蜂	ミッバッ

見つめている	メッペッチョイ
見積もる	ツモッ
みてみなさい	ミッミャイ
見て見よう	ミンミロ
見どころ	ミドコイ
見届ける	ミトドクッ
認める	ミトムッ
緑青	ロッアヨ
見ない	ミラン
南	ミナン
みなみかぜ	ハイノカゼ
見習い	ミナレ
見に	ミケ
見にくい	ミニキ
見抜く	ミヌッ
嶺	ムネ
実る	ミノッ
未払い	ミバレ

見張り	ミハイ
見張る	ミハッ
見舞	ミメ
見ましょうよ	ミモンソヤ
三叉路	サンモジ
耳	ミン
耳掻き	ミンカッ
耳飾り	ミンカザイ
耳ざわり	ミンザワィ
みみず	ミミッ
みみず	メメンジロ
耳たぶ	ミンチャバ
耳の病	ミンヤン
宮まいり	ミヤメイ
見よう	ミロ
苗字	ミョシ
診る	ミッ
見る	ミッ

（ム）

迎えに	ムケメ
迎える	ムカユッ
無学	ムガッ
昔	ムカッ
昔気質	ムカッカタッ
昔馴染	ムカッナジン
昔話	ムカッバナシ
むかつく	ムネヲマッ
ムカデ	ムカゼ
むながい	ムナゲ
むかむか腹が立つ	ムックイムックイ
麦	ムッ
麦	ムン
向き合う	ムッキョ
無傷	ムキッ
麦踏み	ムッフン

麦藁家	ムッガラエ
むく	ミッ
向く	ムッ
椋鳥	ムッギ
むくむ　はれる	ウドバレ
むくむく肥って	ムックイムックイ
婿	ムコドン
むこうずね	ムカスネ
向こうに	ムキ
向こうに	ムケ
むごたらしい	キノドッカ
ムササビ	モマ
虫	ムイ
虫	ムッ
蒸し暑い	ムシアチ
むし歯	ムシクレバ
虫歯	ムヒクレバ
むしりとる	ツンムシッ

筵	ムシト
蒸す	フカスッ
蒸す　蒸し暑い	オモス
難しい	ヤカマシ
むずかゆい	コゾバリ
水鉄砲	ミッシャクイ
結ぶ	キビッ
娘	オゴ
娘	ムイメ
娘さん	オゴジョ
無駄　空仕事	スダ
無駄口　お喋り	タックワ
むち	ブッ
無知　不勉強	クレ
むつかしい	ムッカシ
むづかしい	ムスカシカ
むつかしいこと	コムッカシ
無敵	ムテッ

霧笛　ムテッ
無頓着な　ホノナカ
むなしい　ムナシ
棟上げ祝い　ムネアゲユエ
胸がやける　キモガヤクッ
胸焼け　マクジッ
胸焼けをする　ムネジッ
無分別　カンゲモネコッ
群がる　ムラガッ
村境　ムラザケ
紫　ムラサッ
無理　ムイ
無理を言う　ヤカラ
蒸れる　ムルッ
ムロアジ（魚）　ムンノイオ

（メ）

目　メメ
姪　ミー
姪　メ
迷惑　メイワッ
迷惑　メヤッ
目移り　メウツイ
目が覚める　オズン
めかしこむ　シダス
めかし屋　おしゃれ男　ダテドン
目薬　メグスイ
恵まれる　ノサッ
目籠竹　メゴダケ
目先　メサッ
目覚める　メザムッ
飯　ママ
めし　メッ

召し上がれ	アガヤンセ
目障り	メザワイ
メジロ（鳥）	ハナシ
雌	メンツ
雌牛	オナメ
牝馬	ダノウンマ
メダカ（魚）	ズナメ
メッチャクチャ	イケンデンコゲンデン
目茶苦茶に	チングワラッ
目付き	メツッ
目出度い	メデテ
娶る	メトッ
目につく	メイヒッカカイ
目抜き	メヌッ
目抜き通り	メヌッドオィ
目のあらい篭	メゴ
目の敵	ジッノカタッ
目のできもの	イモレ

目減り	メベイ
目もと	メモッ
目やに	メヤネ
目病	メヤン
面倒くさい	メンデ
面倒な	キシメンデ
綿密な	マミ
面目	メンブッ
面目ない	メンブッガナカ

（モ）

喪	ヒ
頼母講	モエ
もう	マ
もう	モ
もう	モヘ
儲かる	モカッ
儲ける	モクイ
もうすぐ	モイッキ
もう少し	マチット
孟宗竹	モソダケ
詣る	メッ
盲目の女三味線ひき	ゴゼドン
もうろく	ドモ
燃えさし	モエキイ
燃えだした	モエデケタ
燃えつく	テチッ

燃える	ツンモユッ
燃える	ヒンモユイ
燃える	モエッ
燃える	モユイ
もがく	モガッ
もぐさ	モッグサ
もくもく（煙などが）	モックイモックイ
潜る	クグッ
潜る	モグツ
もし（人を呼ぶ時の）	コラ
もず	モキッ
もず	モッギッ
モズ　百舌鳥	キッチャンモズ
モズ（鳥）	モスギッ
もぞもぞ	モンゾイモンゾイ
持たせる	モタスッ
もたれかかる	ナンカカッ
もたれる　よりかかる	セッカカッ

餅	モッ
持ち上げる	モッチャグッ
餅菓子	モッガシ
もち米	モッゴメ
持ち出す	モッダスッ
餅つき	モッチッ
餅つき	モッツッ
餅や魚を焼く金網	アブイコ
持つ	モッ
勿体ない	アッタラシ
持っていく	モッチイッ
持っていない	モッチョラン
戻しなさい	モドッシャイ
戻りませんよ	モドンハンドッ
戻る	モドッ
南風	ハエンカゼ
物売り	モノウイ
物置き	モノオッ

ものが不足して苦労する	センポ
物事	モノゴッ
物差し	サシ
物知り	ヒッチョイドン
ものすごい	ワゼーカ
ものすごい	ワッゼエ
ものもらい	ハヤイメ
籾	モン
もみ合う	セッコンハッコン
もみ落とし	シオトシ
もみくしゃにする	モモンタクッ
もみくちゃにする	モンタクッ
もみ消す	モンケスッ
モミジ	モミッ
もめる	モムッ
木綿	モンメン
ももひき	バッチ
もも引き	モモヒッ

モヤシ	オヤシ
燃やす	クブッ
模様	モヨ
模様替え	モヨガエ
最寄り	モイ
最寄り	モヨイ
貰い子	モレゴ
貰い泣き	モレナッ
貰い物	モレモン
もらう	ヒンモロ
貰う	モロ
もり	ウヅッ
森	モイ
銛	モイ
盛る	モッ
漏る	モッ
もれる	ツンモィ
もろ肌ぬぎ	ウコシヌッ

文句	ギ
文句を言った	ホッタ
文句をつける	ギオユ
悶着	モンゴイモンゴイ
紋付	モンツッ
紋どころ	モンドコイ
門の辺り	キド

（ヤ）

やかましい	キシヤゼロシ
やかましい	ズッナカ
山羊	ヤッ
焼き魚	アブイイヲ
焼き払う	ヤッハル
やきもち	ジンキ
焼き物	ヤッモン
焼く	ヤッ
訳	ワケクッ
屋久島（地名）	ヤッシマ
役者	ヤッシャ
役所	ヤッショ
屋久杉	ヤッスギ
役だたず	クッサレモン
役立たず	ヤッセン
役に立たない	ヤクセン

役人	ヤッニン
役場	ヤッバ
厄払い	ヤッバレ
火傷	ヤケジュ
やけどで皮膚がただれる	ヒボクッ
弥五郎殿	ヤゴロードン
野菜	ヤセ
野菜作り	ヤセツクイ
野菜畑	サエン
屋敷	ヤシッ
養う	ヤイノ
養う	ヤシノ
養う	ヤヒノ
玄孫	ヤスラマゴ
野次る	ヤジィ
安い	ヤシ
休みなさい	ヨクヤンセ
休む	ヤスン

休む	ヨク
鑢	ヤスイ
痩せた人	ホネギッ
やせた人	ヤセギッチョ
痩せた人	ヤセゴロ
やせる	ヤスイ
やせる	ヤスッ
厄子	ヤッゴ
厄介	ヤッケ
厄介事	ヤッケゴ
厄介な	ヤッケナ
やっつける	ヒッサクル
やつで	ヤッデ
やっと	ヨイナコテ
やっぱり	ヤッパイ
やつれる	ホロッチナッ
やどりぎ	ヤドカイ
柳	ヤナッノッ

柳行李	ヤナッゴイ
やに	ヤネ
屋根	エノソラ
屋根	エンノソラ
屋根	ヤンソラ
藪	ヤボ
藪医者	ヤボイシャ
やぶさめ	ヤッサン
やぶにらみ	ヒガラメ
やぶにらみ	ヤブニラン
やぶへび	ヤブヘッ
破る	ヒッキャブッ
破る	ヒッチャブッ
破る	ヤブッ
破れる	ハシッ
やぼ（を言うな）	ヤブ
病	ヤンメ
山芋掘り	ヤマイモホイ

山奥	ヤマオッ
山火事	ヤマカッ
山神	ヤマンカン
山神祭	ヤマンカンマツイ
山崩し	ヤマクヤシ
山鳥	ヤマドイ
山萩	ヤマハッ
山彦	ヤマヒビキ
山開き	ヤマビラッ
山繭	ヤマメ
闇	ヤン
やめる	ヤムッ
揶揄する	カラコ
やら	ヤア
槍	ヤイ
ヤリイカ	トンキュ
やり損ない	シソコネ
やり合う	ヤイオ

やり口	ヤイクッ
やりくり	ヤイクイ
やり込める	ヤイコムッ
やりそこなう	ヤイソコネ
やりとげる	ヤイトグッ
やり取り	ヤイトイ
やりにくい	ヤイニキ
やりにくい	ヤイニッカ
やりましょう	ヤイモンガ
やります	ヤンサ
やりません	ヤイモハン
遣る	ヤイ
遣る	ヤッ
やる気を出す	ハマッ
やれやれ（失敗した）	ヤイヤ・ヤイヤ
弱虫	ヒッカブイ
柔らかい	ヤラシ

（ユ）

遺言	ユオッ
夕方	バンサア
夕方	バンヅケ
夕方	ヨノイモテ
夕方	ヨロイモト
夕方　たそがれ時	イノクッ
遊戯具	ギッチョ
床下	ヨカシタ
ゆかた	ユアガイ
歪む	ユガン
ゆがむ	ヨガン
ゆがんだ	ヨゴタ
歪んだ口	ヨンゴグッ
雪	ユッ
行方	ユッエ
湯気	ホケ
ユズ（柚子）	ユス
ユズ（柚子）	ユノシ
揺すってみろ	ユスグッミレ
揺振り	ユサブッ
揺すぶる	イスグイ
揺する	ユスグッ
油断	スッ
ゆっくり　徐々に	ソロイソロイ
ゆっくりして下さい	ユックイトシャンセ
結った（髪などを）	ユタ
ゆでる	イズッ
茹でる	イヅイ
茹でる	ユズッ
湯などをかぶる	ヒッカブイ
湯のみ	ユノン
指	イッ
指	ユッ
指輪	イッガネ

弓　ユン
湯水　ユミッ
ゆらぐ　ユラッ
百合　ユイ
ゆるい　ユリ
許して下さい　コライヤッタモシ
許す　コラユッ
ゆるむ　ユルン
ゆるゆる　ちびりちびり　チンボチンボ
ゆれる　ユルッ

(ヨ)

夜明け頃　明け方　ウソグレウッ
〜よ　チョ
〜よ　デア
良い　イ
好い　イ
佳い　イ
良い　エ
良い　ヨカ
よい具合　ヨカアンベ
よいですよ　イザンド
良い所　エトコイ
宵ノ口　ヨイノウッ
良い日和　ヨカヒヨイ
よいように　ヨカフニ
酔う　ヨクロ
用意する　シケヲスイ

用意する　シコ
用意するな　シコナ
洋傘　ランガサ
ようございます　ヨロシュゴアス
ようこそ　イクサ
ようこそ　ユクサ
養子　ヨシ
用事　ユ
用事　ユシ
幼児が急に目を覚ます　ネタマガイ
幼児を膝の上で上げ下げすること　キャクッコ
傭人　ヤテド
用心　ユジン
用心深い　ユジンブケ
様子　ヨス
様子　ヨッ
様子を見てきなさい　ヨスミッケ
容体　ヨテ

ように　如く　ゴッ
ようやく　ヤットカット
ようやく　ヨッスナコッ
予期しない　チョッセンネ
よく　ユ
よく　ヨカンベ
欲　ヨッ
欲得　ヨットッ
よくない　ユナカ
良くない　ヨカナカ
よくなる　ユナッ
欲ばり　ヨッゴロ
欲張り　ヨッボ
欲張る　ヨッノカワガツッパッ
余計　ヨケ
余計な　くだらん　エシレン
余計なこと　イランコッ
余計なことだよ　イワンコッジャイガ

よけて	ヨケッセェ
よけなさい	ヨケンカ
汚す	ヨゴラカス
横に	ヨケ
横になる	ヨッコロッ
横腹	ヅタンバラ
横降りの雨	ウッチャメ
寄せる	ヨスッ
よだれ	ユダイ
酔った	ヨクロタ
酔っぱらい	ノンダクレ
酔っぱらい	ヨクロンボ
夜中に光を発する物	ヒカイムン
夜泣き	ヨナッ
よなべ	ヨナッ
夜這い	ヨベイイ
呼ぶ	ヨバコ
余分に	ジンジ

余程	ジョジョナ
よぼよぼ	ヨッボヨッボ
読まない	ヨマン
読みあげる	ヨンアグッ
読みあげる	ヨンミャグッ
読み習う	ヨンナル
読み物	ヨンモン
読む	ヨン
読むか?	ヨンヤ?
嫁	ヨメジョ
嫁入る	ムカルッ
嫁さん	ゴゼドン
よもぎ	フッ
よもぎ	モグサ
よもぎ餅	フッノモッ
四方竹	シカッダケ
より	ヨッカナ
寄り合い	ヨイカタ

寄合い　ヨロッ
よりつく　ヨイテツッ
寄りつく　ヨッテツッ
よりわける　ヨイワクッ
夜　バン
夜　ヨサ
夜焚き　ヨタッ
余禄　ヨロッ
喜ぶ　ヨロコン
よろしい　ヨカンガ
よろよろ　ヨロイヨロイ
よろよろ　ヨロンヨロン
弱い　ヨエ
弱い　ヨワカ
弱い人たち　ヨエシ
弱虫へ　ヒッカブイ
弱虫　ヤッセンボ
四　ヨッ

（ラ）

来年　デセン
来年　デネン
来年　トッシャゲッ
楽　ダッ
楽　ラッ
楽園　ラッエン
落書　ラッガッ
落語　ラッゴ
落札に　ラッサチ
楽だ　ラッジャ
落第　ラッデ
楽な　ダッナ
楽に　ラキ
らしい　ラシカ
埒　ラッ
ラジオ　ダジオ

らち（があく）　ダッ
埒のあかない　くだらない　ダッモネ
落花生　ラッカショ
らっきょう　ダッキョ
らっきょう　ラッキュ
乱雑に　ランザチ
乱読　ランドッ
乱暴者　ロゼッモン

（リ）

利益　リエッ
力士　スモトイドン
りきむ　リキン
陸揚げ　リッアゲ
陸軍　リッグン
陸上　リッジョ
陸地　リッチ
理屈　ヂクッ
理屈　リクッ
利口　ヂク
利口者　ジコムン
利子　ヂ
立派　ヂッパ
立派　上等　ジッパ
立腹して　ハラガキエッセエ
立腹する　ハラガキィユッ

立腹する	ハラガキシワッ
利発者　利口者	タマシキッ
利回り	リマワイ
琉球	リキュ
流行	ハヤイ
流産	スザン
漁	ジュ
猟師	テッポウッドン
両手	マンボンテ
両方	マンボ
両方とも	ドッチンカッチン
料理	ジュイ
履歴	リレ
履歴書	リレッショ
輪郭	リンカッ
隣国	リンコッ
淋病	ヒエンビョ

(ル)

留守	ヅス
留守番	ヅスバン

（レ）

礼儀　ビンタサゲミッ
零す　ゴボシ
劣悪品　グヮンタレ
練習　ナラシ

（ロ）

浪曲　ロオキョッ
老人　トヒナモン
ろうそく　ドソッ
ろうそく　ロソッ
漏斗　ジョゴ
労働服　シゴッギ
六　ロッ
六月　ロッガッ
『六調子』鹿児島民謡の一つ　ロッチュシ
ろくな　ドッナ
ろくな　ロッナ
ろくな奴　ロッナワロ
ろくに　ロキ
助膜炎　ロッマッ
ろくろ　ロッロ

（ワ）

わいた　煮えた	タギッタ
若い	サカシ
若い	ワケ
若返る	ワコナイ
若くなる	ワケナッ
若白髪	ワカシタガ
わかめ	メノハ
若者	ニセ
若者	ヘコ
兵児帯	ヘコオッ
若者たち	ワケシ
若者	ワケモン
わかりにくい	サトィニキ
分かります	ワカイモシ
分かりません	ワカイモハン
分かりません	ワカハン

分かる	ワカッ
わきが	ベコ
わきが	ワッガ
沸く	ワッ
若人	アラシカモン
わざと	ワザキ
ワシ	クマダカ
鷲	バカサッ
わし鼻	ワッバナ
忘れっぽい	ボイ
忘れっぽい	ボエ
忘れっぽい人	ボヤスケ
忘れる	ツワスルイ
忘れる	ワスルッ
私（男女共通）	アタイ
私たち	アタイドン
私たちは	アタイタチャ
私たちへ	アタイタッセェ

私共	アタハンダ
私なんか	アタハンダ
私の家	アタイゲェ
私の家	ウチ
私へ	アタイセェ
渡り歩く	ワタイアルッ
渡り鳥	ワタイドイ
外来者	ワタイモン
渡る	ワタッ
割ってみなさい	ウッグアッミレ
わびる	コトワッ
わびる	ワビッ
輪回し	カネマワシ
わめく	ワメッ
わめく　うめく	ウメッ
わめく　怒鳴る　うなる	ウゾメッ
藁	ワラスボ
笑いやがって	キィワルッ

藁打槌	ワラツッゴロ
わらじ	ワラッ
わらび	ワラベ
笑わせる	チワロ
割り込む　押しわけ	セッコン
わる	ウッガッ
割る	ウッグアッ
割る	ツッグワッ
割る	ワイ
割る	ワッ
悪くなる	ゲイ
割れる	ハシッ
我々	アタハンダ

(ヲ)

を　ヌ

を　ノ

を　バ

読者のみなさまへ

平成九年七月に『かごっま弁辞典』を出版しました。多くの方々からご支持をいただき、お陰様で増刷りを重ねること五回、発行部数も六，〇〇〇冊に達しました。

その間、読者から共通語訳も付けて欲しいという要望があり、この度、共通語訳を付けた『新　かごっま弁辞典』を発刊する運びとなりました。鹿児島県の方々にはもち論のこと、県外の方でも楽しく読める辞典としたつもりです。

『鹿児島ことわざ辞典』『残しておきたい鹿児島弁』合わせてお読みいただくと、なおさら結構かと存じます。

まだまだ未熟な辞典ですが、この辞典が少しでも皆様のお役に立ち、鹿児島を再認識していただければ幸甚です。

お買いあげ本当にありがとうございました。

二〇〇二年八月」

（株）高城書房　寺尾政一郎

新かごっま弁辞典

平成14年8月31日初版発行

著　者　　高城書房編集部
発行者　　寺尾政一郎
発行所　　株式会社高城書房
鹿児島市小原町 32-13
TEL099-260-0554
振替 02020-0-30929
印刷所　　株式会社高城書房　印刷部
HP　http://www.takisyobou.co.jp

ISBN4-88777-033-2　C0081

高城書房出版

片岡吾庵堂著
横目でみた郷土史

逆説あり、裏面史あり
逆もまた真なりか
正面からは美談でも横目で見れは違う!!
B6版　定価一五〇〇円

橋口　満著
残しておきたい鹿児島弁

懐かしい、かごっま弁。ついつい頷きたくなる珠玉の言葉。あたいも、おまんさあも、一緒に読んもそ！一家に一冊必携書
並製本B6判・265ページ（本体一五〇〇）円

相星雅子著
華のときは悲しみのとき

沖縄の海に散った特攻兵士たちから母と慕われた女性、鳥浜トメ。

彼女の生い立ちから晩年までを描いた感動のドキュメンタリー。B6変型　定価九〇〇円

監修　原口　泉
かごしまことわざ辞典

かごっま弁が沢山（アバテンネ・ドッサイ・ツガランネヒコ・イッペ・ソガラシ・ジョジョナ・ヅンバイ）掲載されています。鹿児島の宝、ここに誕生（本体1,300円）B6判234ページ

上野詠未著
鹿児島むかし話

戻ろうよ子供の頃に！！見直そうよ昔の宝！！
待ち望まれた「鹿児島むかし話」が南薩北薩（上）
大隅・種子屋久奄美（下）同時に刊行
家族みんなで楽しめますB6版　定価一〇〇〇